どんな男になんねん

関西学院大アメリカンフットボール部 鳥内流「人の育て方」

著
鳥内秀晃
生島淳

ベースボール・マガジン社

はじめに

高校卒業後、浪人して関西学院に入ったのが十九歳のときです。それから四十一年、ずっとフットボール。人生の三分の二はフットボールと関わってきたいうことです。暇やったんかな。

でも、暇なことないで。俺はいつも朝の四時起きで仕事してるよ。実家は親父から継いだ製麺所をやっとるから、朝の仕事が大事。起きてから仕事して、それでひと段落ついたら朝寝を一～二時間して、車に乗って学校へ行く。午後は練習のビデオを見て、夕方から練習という毎日やね。それで家に帰るのが八時とか、九時。車で通うのはね、電車で通ってたら、練習の帰りに、どこかで寄り道してしまうからですよ。それでもって夜の十一時くらいに寝て、また朝四時に起きるという生活をずっとしてきたわけです。睡眠時間が少ない？　朝寝しとるからトントンです。

自分の一日を改めて振り返ってみると、考える時間だけはたっぷりあるね。車を運転してる間もずっとフットボールのことを考えてます。学生はそこまでしてへんのちゃうかな。音楽聴いたり、ゲームしたり……。俺は聞きたいよ。試合前にゲームするんですか？　と。試合に勝ちたいんやったら、試合に則した生活を送ったらいちばんええんけどなあ。

時間の使い方によって、人は変わる。若いときはなかなか気づかない。気づいたヤツの勝ちや。

監督を退くことが決まってからは、周りの方が騒がしかったね。いちばんあかんかったのはキャプテンの寺岡芳樹や。

二〇一八年のシーズンが終わって、チームの甲子園ボウル祝勝会で引退を発表したわけや。二〇一九年のシーズンが終わったら辞めますって。そしたら、キャプテンが「是が非でも勝って監督を送り出したいです」とか言うて、そんなのどうでもええねん。

自分らが勝ちたいんやったら、それで勝ってくれたらええねん。

俺が最後やから頑張るのとちゃうよ。

関西学院のフットボールはもともと頑張るのが大前提。誰かのためとはちゃうねん。自分のためにやらなあかんねん。

そのかわり、自分で勝つと宣言したんやったら、絶対に達成せいよ、という話です。男として、人間として。

どんな男になんねん。そういうことです。

マスコミのみなさんからも、よう質問を受けます。

「監督として成長したと実感したのは、何歳くらいのときですか?」とかね。そんなもん、ないよ。そんなこと思った瞬間に終わりや。それこそ成長が止まるんちゃうかな。

俺は単純に任務を遂行してきただけ。でも、常に上を目指さなあかんと思ってやってきたけどね。

学生の親御さんは、高い授業料払って息子や娘を関西学院に送り出してくれてます。学生もフットボール部の門を叩いて入ってきたんやから、何かを学ぼうと毎日練習に来てる。せやから、何かを伝えなあかん。毎日、毎日ね。学生の人生に絶対にプラスになることをしたい。その繰り返し。学生に覚えて欲しいことを繰り返し言うて、学んでくれて、行動してくれればいい。三十年前の学生も、今の学生も一緒。一年生も、四年生も一緒。毎日向上していけば、チームが強くなります。

そのためには、コーチが向上せなあかんわな。

若いコーチたちに言うてるのは、新しいことに挑戦せい、いうことです。フットボールは刻々と変わってきてます。関西学院のコーチです、いうてあぐらかいてたら、置いてかれてまうで。常に勉強して、新しいことを学生に提示して刺激を与える。これが大切です。

それに、ゲーム中でも、練習でも、型にはめすぎるのは絶対にあかんわ。この選手、こんなんできるのか――そういう発見が大切。天然に、自然に、意識せずともできるプレーを発見する。天然素材がいちばんや。それを活用できるように目を磨いといてください。

そういうことやね、コーチは。

だから、「スポーツは根性や！」言う人がいまだにおるけど、それって学生に失礼やで。ウチの学生は真剣に日本一狙ってるから、根性があるのは当たり前。根性は前提。だからこそ、科学が必要なんです。

関西学院のアメリカンフットボール部は日本一を目指すクラブです。二位でもいいとか、そんなこと思ってる人間はひとりもいないよ。

でも、指導するにあたって忘れたらあかんのは、最後は勝ち負けちゃうということ。負けたら、俺の責任。それは毎年言ってます。お前らの責任にはせえへんけど、日本一に必要なことはやってください、と。

結局、関西学院という場で、人間力を磨いてもらうのがいちばんの目的です。目標に向かって、何が必要なのかを考え、練習し、試合で実行する。そのなかで仲間とディスカッションして、大人と議論を戦わせる。ここは教育の場なんです。

そこでは不安も感じるよ。

ライバルとの試合が迫ってきて、自分らが求めてるレベルにまでチームとして到達できるのか？　前日まで不安を感じ、葛藤を続ける。俺だけやなしに、コーチも選手もみんなや。俺も選手のときには、試合前になるとえずいとったもん。えずくって分かる？　なんかこう、戻しそうになる感じ。

俺が思うに、そういう経験を学生時代にできるのが大きいと思うよ。たかがスポーツなのに、なんでそこまでなるねん、と。

好きで始めたフットボールやのに、苦しくなってくる。「なんでこんな苦しいんですか？」と聞いてくる学生、ぎょうさんおるで。せやけど、社会に出たらものすごい財産になるね。

それを繰り返しとったら、もう還暦過ぎてたわ。最近は、どうでもええって余裕が出てきたけどな。

もちろん、腹の立つときもあったよ。でも、次の日になったらパーッと忘れてんねん。そんなん溜めとったらやってられへんわな。そういう性分でほんまよかったわ。でも、俺みたいな連中ばかりおっても組織いうもんは回らないからね。最近は、任せっぱなしですよ。

せっかく、ひとつのことをずっとやってきて、いろいろなことを考えてきたので、それを本に残したいと思うてます。

最後までお付き合いください。

目次

コーチになったばかりのことを思い出すと、反省ばかりやな。
そんときの俺は、喋りすぎてたな。
アメリカでも、若いコーチは自分の型にはめようとしがちやね。
負けてしまったら、学生に頭下げて謝るしかないよ。
「こうやってやれ」って言うても、学生は理解しませんよ。

面談は記録することに意味があるんです。
自分の弱さを認めることがカッコええで。
ケガ人をいたわることもチームの強さにつながるよ。
四年生には、「みんなキャプテンと同じ気持ちでやってくれ」言うてます。
できてへんヤツは、辞めてもらってええよ。
ユニフォーム着て、試合に出る。そんなことには価値はないよ。
大阪弁がええんやろな。
俺の面談は圧迫面接らしいで。

学生をコントロールしようと思うの、大間違いやで。
「ハイ」って返事には騙されたらあかんで。
観察や、観察。練習前の学生を見てると、いろいろなことが分かるで。

学生には時間が無限にあるように思えるんでしょう。
みんながみんな、同じタイミングで成長していくわけではないからね。
四年間で変わらな、おもろないねん。
自己主張する選手。欲しいな、ほんまに。
人間関係をサボったらあきませんよ。
妥協が大事なときもあるよ。
質問することの最終目的は、フットボールを理解し、判断力を磨くことやね。
判断も科学できんねんな、今の世の中。

第五章　教育いうのは、奥が深いで

指導の基本は、やっぱり言葉やね。
指導方法の確認の意味で、教職課程を取ることにしたんです。
学校の教室と、フットボールのフィールドでは決定的な違いがあると気づいたね。
教育実習、いろいろ勉強させてもらいました。
教壇で必要なのは、「つかみ」やったな。
カントの言葉があるんです。
アメリカ人は伝え方がうまいな。
フットボールを数学で読み解いてもええねん。
スポーツの楽しさって、どこにあると思う？　勝つために考えることやで。
アクティブラーニングが必要なんちゃうかな。

ビッグゲームで、自分の気持ちをコントロールできるかどうかやね。
試合前に泣くのは、一長一短あるね。
現場でシナリオをいじりながら、新しいストーリーをつくるのがコーチやね。
ディフェンスはね、リアクション芸なんです。どっちかというと、ツッコミ役。
俺は悲観的に準備するよ。
目が大切やねん。
信じられない「目」を持ったヤツがおるよ。
作戦にイチかバチかはないよ。
最終的には見守るのが仕事やね。

第八章　時代に合わせて、コーチングも変わるで――

好きなようにやってください。コーチたちにはそう言うてるよ。
忖度文化はあかんで。
合意があればケンカしてもええよ。コーチ同士で。
コーチに俺が思ってることを伝えるのに、選手を使うときもあんねん。
シーズンを通したマネジメントが必要です。
自分だけうまくなっても、チームは勝てへんよ。
教え方がうまい四年生は、慕われるものですよ。
効率、合理性。これもフットボールをやるうえでは大事なことです。
やったことがないことでも、勉強したらできるようになるよ。

もっとコーチングが職業にならなあかんね。

指導者は立派な職業ですよ。

アメリカではコーチが尊敬されとるし、経済的な報酬も大きいわな。

とことん考えるいうことが、大事なんです。

第九章　スポーツは損得で勘定できるよ

損か得かは重要な価値基準やで。

自分のスタイルに学生を合わせるか、それとも学生の資質を見極めて戦い方を考えるか。

スポーツは「損得」でかなりの部分を説明できるで。

フットボールには自分を活かせる無数の仕事がある。

効率化を考えたら、日本のスポーツはもっと良くなると思うねん。

学生が練習をつくりあげんねん。コーチやないよ。コーチはお手伝い。

二〇一〇年代に入って、フットボールは結構、個人の時代になってきてます。

スーパーな相手を止めるのは、やっぱりせこいヤツやな。

せこいという言葉は、ええ言葉やね。

最初に失敗する学生はおもろいね。

英才教育の時代やけど、いろいろなスポーツやるのもええもんやで。

いろいろとアイデアが湧いてくるよ。他の競技を見とっても。

データ、確率は分かりやすく損得を教えてくれるよね。

それでええの？　という疑問を常に持つことが大切。

協力　関西学院大学アメリカンフットボール部
写真　高塩 隆、清水 茂・福田 祥大(P - TALK)
装丁　OTHERTWOSTUDIO

第一章　俺は、こんな学生やった

気づいたら、フットボールがあったね、わが家には。

生まれは一九五八年、大阪です。わが家はおじいさんの代から製麺所をやっとって、俺は三代目いうことになります。

ウチのオヤジもね、関西学院のフットボールの卒業生です。鳥内隆一。一九四九年、関西学院は初めて甲子園ボウルに出場して優勝したんやけど、そのときに四年生としてプレーしてたのがウチのオヤジです。

だから、俺が生まれる前からわが家にはフットボールがあって、そこに俺が生まれたというわけです。

オヤジは戦後すぐのメンバーやけど、関西学院のフットボールの創部は一九四一年二月十一日、太平洋戦争が始まった年なので、草創期のメンバーといっていいんかな。でも、一九四三年には戦局の悪化で解散させられてます。どんな気持ちやったろね、先輩たちは。戦後になんとか立ち直って、フットボール部の土台を作ったのが一九四六年で、その年にキャプテンになったのが松本庄逸さんです。

松本さんは、終戦のときに中尉やった。それから学校に戻ってきたんやけど、他の学校、他のクラブでは軍人上がりが軍隊式の上下関係を持ち込んでた。日本の戦後のスポーツは、ずっとそれが続いてきたわけです。体罰、理不尽、それが当たり前の時代。

ところが松本さんは違った。グラウンドでは厳しかったらしいけど、そのほかでは自由を尊んだ。先輩が後輩を殴るとか、理不尽なことを命令するとかはなし。「みんな家族や」が口癖やった。下の人間でも意見を言える組織は、このときにつくられ、みんなが守ってきたんです。

だから「最初の一滴」いうんは、ほんま大事なんよ。

ここで民主的な組織が生まれたからこそ、今の関西学院があるんです。

それでもってウチのオヤジも、この時期にフットボール部におった。一九五〇年に大学を卒業してるから、松本さんの教えが部に浸透していた時期です。オヤジはフットボールに魅せられたんやろな。卒業してからもクラブが大好きで、監督、OB会長もやっとった。だから、気づいたらフットボールがあったね、わが家には。

甲子園の外野スタンドで、七輪出して焼き鳥焼いてたで。

そんなこんなで、小学校のときから関西学院のグラウンドにも行ってたし、甲子園球場にも見に行ってたわ、フットボールを。

外野で見てたら、オヤジの後輩たちが七輪出して焼き鳥やらなにやら、いろいろ焼いてたよ。消防法やら、なかったんやろね。「食べ、食べ」言われて食べながら見てたよ。それが、うまかってん。考えてみれば、いい時代です。

でも、野球はタイガースやなく、ホークス贔屓。子どもの頃な、年間二〇〇円出せば十五試合見られるのがあって、それで見に行っとった。また、野次がおもろくてね。「昨日、新地におったやんけ」とかはかわいい方やで。聞いてたらおもろかったなあ。キャッチャー野村、サード藤原、ショート国定、センター広瀬。そういう時代。

ウチのオヤジは仕事しながら、関西学院のグラウンドにしょっちゅう練習を見に行ってた。なんや、フットボールやクラブに対する情熱がすごかったな。歳とってもBSでNFLも欠かさず見よったし、OB会長のときは、現役の学生に向かってスピーチもするわけやけど、「お前らはチャンピオンにならなあかんねん」とずっと言ってた。

ただ、ウチではしばかれたことないし、ごちゃごちゃも言われへん。好きにさせてもらいました。ただ、俺がコーチになってからはいろいろと言ってきて、侃々諤々、ケンカになったこともあったよ。「フットボールは進化してんねん。うるさい」って言ったら、あんまり言いよらへんようになったけどね。

お正月の全国高校サッカー、あれに出とんねん、俺。

オヤジは関西学院出身やし、将来的には関学に入ったらフットボールやりたいとは思ってたよ。でも自分は大阪府立摂津高校までは、サッカーをやってた。俺はね、二年生のときに全国高校サッカー選手権に出とんねん。一九七五年度の第五十四回大会。一回戦で愛知県の愛知高校いうところにＰＫ戦で負けたけどね。

摂津高からはサッカー界に貢献した人もぎょうさんおるよ。一学年先輩のキャプテンは上野山信行さんいうて、ヤンマーでプレーした後にＪリーグが発足して、ガンバ大阪にそのまま移ったんです。それで育成担当をして宮本恒靖や稲本潤一を育ててました。そのうち日本協会の育成部長も担当してたけどね。

自分たちが三年になって、当時は清風高校がライバルやったけど、全国大会は行けると思ってたよ。ところが、後輩のゴールキーパーがどこぞの町場でケンカして目をケガしよった。それがあかんかった。

それで最後の大阪府大会で負けて、正月の全国大会には出場できなかった。でも、秋の深いところまでサッカーしとったから、当然清く正しく一浪しました。

その間に「涙の日生球場」の試合を見た。一九七七年、関西学院対京大。

これはね、関西学院にとって伝説の試合です。一九七六年にヘッドコーチが武田建先生から伊角富三さんに交替した一年目でね。十一月二十日に万博記念競技場で予定されてたんやけど、テレビの中継が入って、一週間繰り上がって日生球場で行われた。それだけ人気があったということです、当時は。

このシーズンは、春に京大に0対35で負けとった。関西学院はリーグ28連覇中。京大は力をつけとったけど、まだ甲子園ボウルに出たことなかったから、これは悲願やで。

前半は7対14とリードされて、しかも後半もタッチダウン取られて、これはヤバいなと思ったけど、そこからひっくり返して29対21で勝った。
この試合はね、雨が降ったいうこともあったけど、とにかくラン、ラン、ランで愚直に追い上げてね。後半はインターセプト、ファンブルリカバーとか、試合の流れをつかんだんです。
いまの視点からだと、いろいろ思うことはあるよ。京大の選手は「このまま勝ってしまうんだろうか?」とドキドキしてきたんやろね。その点、関学の先輩たちは後半に入ってやることに集中してた思うよ。それが勝ってるチームとまだ勝ってないチームの差だと後になって分かったけどね。

サッカー部に誘われたよ。関学の。

受験勉強も頑張って、関西学院の文学部に入学したら、サッカー部にヤンマー出身の阿部さんって監督がおってね。俺は高校時代に結構、大阪では鳴らしてたから、てっきり俺がサッカー部に入るもんやと思ってたみたいで。でも、やっぱりアメリカンに行ったか、とがっかりしてた。

最初は二十人くらい入ってたかな。最終的に残ったのは十三人くらいです。俺らの学年も経験者は三、四人くらい。あとは関西学院高等部出身いうても、野球や水泳やバスケットやってた連中ばかりよ。みんな素人です。

だからね、俺は当時のマスコミに言いたい。

京大だけが素人ちゃう。

みんな関学高等部出身って書いてあるからフットボールの経験者ばかりだと思ってたかもしらんけど、ウチかて、素人集団やで。

頼むで、ほんまに。俺らのキャプテンは高校時代はフェンシングやってた。一学年下には、卓球までおったよ。

ちゃんと取材してくださいって言いたかったよ、ほんまに。京大持ち上げるのもいい加減にして、と思ってたね。

大学から始めた学生をなんとか育てて甲子園に行ってたのが、一九八〇年代の関西学院ですよ。中学から始めてても、出られん選手は出られない。とにかく適材適所。今でもそうやけど、一年生のときはやってみたいポジションにいけたよ。

ところが、その後にちょっと流れが変わってね。俺がアメリカに行っている間に、未経験者がなかなか残らんようになってた。いろんな学生がおるのが、関西学院やねん。だから俺が取材を受けるときは、未経験者もレギュラーになってるということは、強調するよ。それにしても、俺らが大学生のときはほんま時間があったなあ。社会が大学生に求めてるものが今とはちゃうから、一般教養の授業とかあまり出なくてもよかった。いっぱい時間があるからフットボール漬けで……嘘、嘘。よう遊んどった。

今の学生は時間が足りません。社会が効率を求めてるし、真面目にやっとかんとうるさい社会やから。授業に出ることが重要やし、スマホやタブレットで対戦相手や自分たちの練習のビデオを見とかな練習にならん。

四年生のときの俺は、よう怒ってたね。

いまは二百人以上もおるけど、当時は少ないからオフェンスもディフェンスもやらなあかん局面だってありました。そういう状況でなんとか伝統をつないでいたんです。京大、同大、近大も力つけてきよったけど、なんとか踏ん張ってた。

一九七九年、二年生ではリーグ戦で同志社に負けて、プレーオフになった。そのときは35対0で勝ったよ。

一九八〇年、三年生のときにリーグ戦で京大に負けてね。今度は近大とのプレーオフ。このときはホンマに危なかったで。前半は7対20とリードされて、そこから24点連続で得点したけど、最後に追い上げられてね。第4Qに31対27とされて、残り2分前にスペシャルプレーでタッチダウンを取られた。ところが、近大にクリッピングの反則があってタッチダウンは取り消し。新聞に「地獄で仏」と書いてあったけど、あの試合はほんまに危なかったなあ。

大学四年になって、俺は副将になった。キャプテンに、いう声もあったけど、そこにこだわりはなくてね。

ほんま、俺は厳しかったよ。当然、ディフェンスには厳しいし、クオーターバックの同級生の松井晃にもよう怒ってた。

そういえば、レシーバーの一年生に「そんなんやったら、帰れ！」と怒鳴ったら、帰ったヤツがおった。連れ戻されとったけどな。

俺からしたら、適当にやってもらったら困るねん。関西学院のフットボールやで。適当にやって、ほんまに日本一になれるんですか？　なられへんわな。関西では32連覇してたけど、甲子園ボウルで対戦する日大はデカくて、強くて、向こうも必死。勝とう思ったら、適当だと無理なのが分かってたから、よく怒ってたね。

昔はビデオもないから、練習が終わったらみんなとメシ食いに行って、フットボールの話をしてから家に帰ってた。俺らのときの選手は、ほとんど自宅から通ってたよ。関東からウチに来る選手はほとんどいなかった。今はディレクターを務めてる小野宏は東京都立戸山高校出身で、早稲田を蹴ってまで関西学院に来るなんて、珍しかったよ。

ごはん食べながら言うてたのは、とにかく勝つために何をしたらいいのか、ポジションごとに考えながら、勝つ方法を考えてください、と。そればっかり言うとったね。今と変わらんよ。

スポーツの楽しさって、そこにあるんちゃうかな。勝つ方法を考えて、練習して、それでもって試合で勝つ。やらっれっ放しやったら、嫌になるで。

京大戦で「ファイトオン」を歌っとったら、なんや知らん、涙が出てきたで。

俺は四年生のときにしんどかったけど、根っこのところで楽しめたと思うねん。みんなにもつらくあたったけど、それは勝つために最善を尽くしたから。楽しかった思うよ。

この年は、京大がめっちゃ強くて前評判が高かった。1000ヤードラッシャーの松田明彦選手がおってな。オフェンスもディフェンスも統計的に見たら、京大が圧倒的に有利やった。

俺らの代で、甲子園ボウルに出るのがほんまに途切れるという危機感はハンパなかった。お互い、五戦全勝同士で対戦して、決戦は一九八一年十一月八日の万博記念競技場です。そのとき、忘れられへんことがあるねん。試合前に、部歌の「ファイトオン」を歌ったんです。監督の伊角さんが真ん中におって、俺がその対面で歌ってね。涙が出てきたで。あれはなんやったんやろ。負ける覚悟やったんかな。涙が出たら、開き直りや。あのときは、気持ちで圧倒的な有利に立てた。これは間違いないよ。

何か、怖さを超越してしまう世界があった。それはすごい経験や。

負けてもええ。負けたらしゃあない。けど、俺のプレーは絶対にやるねんと思ってた。負けることにビビってるなんて、次元が低いねん。そんなんやったらプレーなんかできひん。いろんな局面、勝負どころがあんねんけど、そんなときに失敗を恐れてたらプレーできないし、勝てへん。もし失敗しても負けても、責任は俺が全部背負う。恐怖も何もかも全部、引き受けたるから、お前ら普通にやれと下級生にすんなり言えた。

驚いたことに、みんながそういう思いになっとった。そうなると、うまいことといく。京大からすると、「どないなっとんねん。こんなん、おかしいで」ということになって、どんどん歯車が狂っていく。

スコア、どないやったと思う？

48対0。完封や。

個人的に、この試合で勝ったのはものすごく大きな経験になったよ。これがクラブの財産やと思うね。

毎年、負けられへん試合があるから、ものすごい集中力が高まって、不純なものが取り除かれていく。最後はフットボールに対して純粋なところまで到達する。そういうことが起こってくんねん。

ずっと見てたら分かるけど、それは俺のときが特別やったんやない。関西学院にとって、負けてええ試合は一つもない。でも、大一番いうもんは、毎年どっかで必ずあるねん。それは京大戦なのか、立命戦なのか、関関戦なのか分からへんけど、そこで負けたら終わりいう試合は必ず出てきます。

四年生になったら失敗できへんからね。そこに成長の鍵があるんです。

四年生いうのは、そこで負けられへんプライドを背負えるかどうか。その覚悟が問われるいうのが、俺が四年生のときに感じたことやね。

そして四年生の覚悟を下級生が見て、よし、俺らも一緒にやったろ。手伝ったろとなればいいチームになれるし、ならんかったら危なっかしい試合になる、もっとあかんかったら負けてしまうよ。

でも、四年生いうのは難しい。

俺らの代のクオーターバックは松井やった。松井はね、二年生のときに抜擢されて、怖いものなしやった。失敗なんかどうでもええ、ミスしても、その分を取り返せばいいという感じでね。その松井さえ四年生になったら失敗できひんというプレッシャーに直面する。

つまり、関西学院というのは学年が上がるにつれ、背負うものが重たくなっていくから、どんどんしんどくなるチームなんです。あれだけ楽しかったフットボールが、どんどんしんどくなるし、四年生になったら苦しい。なんでやねん？　そう自問自答する連中が昔も今もおるよ。

でも、それがええねん。背負ってやるのがおもろい。みんなが応援してくれる、日本でいちばんファンが多いチームというプライドも、責任もある。しっかり練習を積んでいけば、よし、見といてや、やったるで！　となる。しんどいけどそこできちんとできてこそ、初めて人間として成長できるんやと思うよ。

一年間かけて練習してきた細かいことが大事な試合に直結することを、あの京大戦で経験したね。

誰もが勝ちたい。せやったら、勝つために最大限の準備をせなあかん。それは戦術でも、心もそうや。どうやったらいちばん力を発揮できるのか、それを追求するのが関西学院のフットボールや。

すべての準備を抜かりなくやれば、失敗の可能性は低くなる。どれだけ可能性を低くできるかが重要なんです。

これだけ書いたら、もうええんちゃうかな。

なんらかの形で引き継がれていくんちゃう？　えっ、まだ書き始めたばかり？　ほんなら、日大についてのことも書かなあかんね。

京大に勝って喜んで、その後の甲子園ボウルの日大戦も勝てると思ってた。ところがその大舞台で、俺らの甘さが出てしまうんやけどね。

ほんま、日大は強かったで。

甲子園ボウルは四年間勝てんかった。

相手は日大や。日本大学。当時の日大は、ほんまにスーパースターの集まりやった。俺が関西学院におったときの甲子園ボウルはほんまにやられた。

一九七八年が7対63。

一九七九年が0対48。

一九八〇年が7対42。

一九八一年が31対42。

俺が一年、二年のときは日大の黄金時代。俺が一年のとき、関東の決勝を見に行ったら、法政に81対0で勝っとった。すべてが圧倒的、全員がオールジャパンや。

それだけの人材が揃ってて、平日は五時間、週末は十時間練習してると聞かされて、びっくりしたわ。ウチとしてはもっとやらな勝てへん思ったよ。

人材がおって、猛練習しとったら、無敵やで。

当時の日大の選手たちの能力は図抜けてた。オフェンス・ディフェンス両方のラインを兼ねる安村幸雄さんがおった。安村さんはね、神奈川の日大中学、日大高校では柔道部やった。それなのに大学に入ったらフットボール部に入った。その理由がすごいねん。

「山下泰裕には勝てないから」

同世代に山下さんがおって、山下さんは東海大相模やから、県大会で対戦するわけや。

どうやら、安村さんは「山下に一本を取られなかった男」らしいねん。それってつまり、世界レベルやろ？　そんな能力がある選手がフットボールやったら、圧倒できるよ。体もデカい。動きも速い。もう、どうしようもなかった。しかも日大はショットガンや。ラッシュしても届かへんし、オフェンスのランプレーでは安村さんがブロックするところに、広い道が空きよったわ。もう、自由奔放にやられた。

あの頃の関西学院と日大との力の差は四分六分どころの話やない。三対七、いや、二対八以上。ミスマッチに近かったかもしれん。学生の俺らはなんとかしようと頑張ってたんやけど、どうしようもなかったんです。

俺としては、ＪＯＣ山下泰裕会長には、高校時代の安村さんに花を持たせて欲しかったね。

日大に四年間勝てなかったこと。それが俺の原点かもしれんな。

三年になったあたりかな、向こうのええ人材が段々と卒業していって、四年になったときはチャンスがある思ってた。その春に、法政が日大に勝ったんです。「俺らが倒す」思うてたけど、先を越された。

四年のときはどうにかできるかもしれへん思うてた。京大戦でひと皮むけた感じもあったし、手ごたえはあったよ。

当時の新聞を見ると、「関学、日大倒すチャンス」とか、「関学、V奪回のチャンス」とか書かれててね。客観的に見てもチャンスあった思う。

試合時間残り3分51秒、俺のフィールドゴールが決まって31対35になった。よし、ここで相手のオフェンスを止めて、もう一度攻撃権を持ってサヨナラ勝ち——というシナリオだったんやけど、大事な場面で守備第一線の真ん中がずこっと空いてしまってね。

守備のアサインメント（コールされたプレーで自分が成すべき仕事のこと）のミスがあった。ある選手が動くべき方向を間違えた。そのミスで大きくゲインされた。

それで終わりやった。三年分、まとめて仕返しやと思ってたけど、あかんかった。

そのときの話を学生にしたこともあるよ。たったひとりの勘違い、アサインメントのミスで負けることがあんねん、と。それが俺の学年や、と。

もう一回、やり直しいうのはあれへんねん。後々になって、「アイツがちゃんとやってたらな」と思うんやったら、練習のときから言わんと後悔するで、と話します。

でも、四年間勝てへんかったから、今の俺があんねん。

もし、四年生のときの甲子園で勝ってたら、アメリカに行ってなかったと思うよ。やっぱり、後輩たちを甲子園で勝たせてあげたい。そこがコーチングの原点。甲子園ボウルいうのは、出て満足しとったらあかんねん。あそこに出たら勝たなあかん。

でも、四年生のときに勝てなかったいうより、四年間で一度も日大に勝てへんかったのが大きかったかな。一回くらい勝ちたかったな。ほんま。

もちろん、四年で負けるのはいちばんあかんけどね。

それで、アメリカに行こうと思ったわけです。

第二章　コーチにはなったけれど

俺、アメリカに行くねん。

四年生のときの甲子園ボウルが終わってから考えてたのは、「どうしたら、後輩たちを甲子園で勝たせられるか」ということだけやったなあ。

一度も勝てへんかったのは、俺らだけで十分。いろいろ考えて、「これはフットボールをもっと勉強せなあかん」というわけで、アメリカ行きを考えるようになったわけです。

でもね、いろいろと事情があったよ。鳥内青年なりの。四年生になったら、もうフットボールのことしか考えてへんから、就職活動もしてなかった。卒業間近になって、息子がどこにも就職決まってないのに、オヤジも呑気なもんです。「どないすんねん?」って聞いてきたから、こう宣言したんです。

「俺、アメリカに行くねん」

水面下で工作はしとったけど、親にはいきなり言った。今と違って、家業の商売もうまくいってたし、「俺が四年生で負けてることもあるし、二、三年やったら行かせてくれるやろ」という甘えもあったね。オヤジの愛する関西学院フットボールのため、という大義名分もあったしね。

それで、行かせてくれることになってね。そうはいうても、往復のチケット代しかもらってへんけどな。

長男やから、いつかは家を継がんとあかんとは思うとったよ。でも、フットボールをとにかく知りたかった。それでアメリカに行ってしまうあたりが、他の人からは「自由やな」と見えるんやろうけど、オヤジそのものが自由人やったから、俺も発想が自由になったんちゃうかな。

オヤジいう人はね、アカンことはアカンとハッキリ線引きする人でね。関西学院のアメフトOB会の中でも、グループには入らんと個人で動いとった。そのあたりの気質は俺も受け継いでるかも分からんね。

アメリカ中に関西学院のOBがおって、お世話になったわ。

飛行機のノースウェスト航空の周遊券を買って、最初はハワイに行きました。ハワイには関西学院のOBで小川良一さん（一九七五年卒）っていうスーパーレシーバーだった人がいて、お世話になったね。小川さんは今では仕事で大成功して、大邸宅に住んでるよ。それからニューヨーク。そこにまたOBのタック牧田さん（一九五四年卒）がおられて、「ここまで来たらボストンに行かなアカンやろ」と言われて、アムトラックに乗って行ったよ。ボストンまで。五時間くらいかかったかな。それでまたニューヨークに戻って、次はシカゴ。

あれ、フットボールの話が出てこない？　エンジョイしてたよ、アメリカで。

それは冗談として、シカゴにはこれまた関西学院のOBで杉浦剛さん（一九五八年卒）いう先輩がおってね。杉浦さんはキャプテンもやってた。卒業してから外資系の会社に就職してからすぐに独立して、最初はベネズエラに行ったんちゃうかな。当時としては画期的やったと思うよ。オヤジからシカゴに行ったら挨拶してこいと言われていたんで、寄ってきたんです。

杉浦さんはコンピュータの会社をやってたんやけど、日本で設計図を書いて台湾でつくり、アメリカで販売する。そういう仕組みを初めて見たね。修理の面倒も見ていて、そのとき書類にいろいろ書き込むんやけど、アメリカ人って字が読みにくいねん。それで俺が日本で学んだ筆記体の華麗な字を書いたら読みやすい言うて、大好評。それで、半年ほど杉浦さんのところでバイトさせてもらいました。

ここからようやくフットボールの話になるよ。そこから関西学院と交流のあったチャック・ミルズさんがいるサザンオレゴン大学に行きました。それが一九八二年の夏かな。都合、サザンオレゴンには三年おったんやけど、小さな町やから地元紙にこういう日本人がフットボールを学びに来たいうて記事になっとった。

でも、温かい目ばかりじゃなかったよ。人種差別もあったし、オレゴンにも太平洋戦争で日本と戦った人が多くいたからね。

アメリカで感じたのは、日本の歴史を知らなあかんいうことやった。

アメリカで印象的だったのは、フリーウェイが全国に整備されてたこと。俺が行ったのは一九八〇年代やけど、ずっと昔からフリーウェイが整備されて、それがアメリカの大動脈になったわけです。

大阪の高速道路なんて、ちんけなもんよ。片側2車線で両側4車線。町の中に入ったら狭くなる。渋滞起きるの、当たり前や。

アメリカは片側が4車線やからね。当時も日本から国家公務員の人たちがたくさん留学に来とったけど、なにを見て、なにを勉強してきてんねん。頼むわ、ほんま。

でも、不思議だなと思ったのは、車社会やから歩くことが滅多にない言うて、アメリカ人はそのときからわざわざランニングしとった。当時から、一般学生が使えるトレーニング施設やジムが大学のなかに用意されてるし、日本とはまるで違ったね。

それに個人、個人が独立独歩。だから、上の顔色をうかがわんと、好きなことをやっとる。それはいいなと思ったね。

アメリカにいると、いろいろなことを考えるわけです。フリーウェイを見ても、練習を見ても、学生と話しても。戦争に従軍してた人と話すときは、自分としても日本の歴史を踏まえてないと説得力がないしね。しかも学んで話せないと、意味がないよ。

それで歴史を意識的に学ぶようになるんやけど、それが四十歳過ぎてからの教員免許を取ろうという流れにもつながっていきます。だから、人生に無駄なことは、ほんまにないねん。

今も学生には「何か言いたいことないんかい？」と必ず聞いてるよ。授業を聞いて、何か言いたいことが出てこないとあかん。それ、フットボールと一緒やから。コーチが変なこと言ってたら、それに対して声を上げなおかしいやろ？　それでどんどんおかしい方向に行ったら、後悔すんのはお前やろって。関西学院は、物申すことができる組織やねんから、どんどん意見を言わな損や。

その意味では、ウチのフットボール部はアクティブラーニング（※）の実践の場やと思う。何に興味を持つのか、それを掘り下げるのにはどうやって調べるのか。分析の仕方、考え方。しかも、それが勝敗に直結するから、ものすごく責任を伴うわけです。

学生には、そういうことを教えていかな意味がないと思う。そうなると、コーチとして大切なのは、準備して話し合いうことになるね。

※アクティブ・ラーニング……教員による一方向的な講義形式の教育とは異なり、学修者の能動的な学修への参加を取り入れた教授・学習法の総称（文部科学省ホームページ・平成24年中央教育審議会第82回総会「新たな未来を築くための大学教育の質的転換に向けて～生涯学び続け、主体的に考える力を育成する大学へ～（答申）」用語集より抜粋）

ずうずうしかったなあ。ＵＣＬＡに入り込んだときは。

サザンオレゴンには三年いたんやけど、メジャープログラムでも勉強したいと思ってね。それでパック10カンファレンス（現在はパック12）のＵＣＬＡに押しかけて勉強させてもらいました。

関西学院でいつもお世話になっていたチャック・ミルズさんに紹介状を書いてもらったんやけど、ぜんぜん返事が来えへん。埒が明かんから、オフシーズンになったら押しかけに行ったよ、ロサンゼルスまで。それが一九八五年の冬から春にかけての頃かな。

そしたら、「もう来季のコーチの人数も決まってるし、グラジュエイト・アシスタントコーチ（大学院生のアシスタント）の数も決まってるから、君のいる場所はない」とか言われて、無理だと。俺はオブザーバーでええねん言うて、春から練習見せてもらうことに戦略を変更した。

それもね、「ミーティングは何時からあんの？」と聞いたら、朝の七時から言うんで、勝手に七時に行って、「グッドモーニング」とかニコッと挨拶してな、ちゃっかり椅子に座っとった。

それを毎日続けてたら、いつの間にか自分のポジションを獲得してたよ。そのうち、チームスタッフにしか配給されないウェアやらジャンパーやらもらって、いつの間にかチームの一員。ちょうどＵＣＬＡがローズボウルに出たシーズンで、スタッフの入場パスが足りんようになったんやけど、競技場にも顔パスで入れるようになってたから、「お前はいらんやろ。そのまま入ってきて」とか、そんな感じになっとった。

どうにかなるで、ほんまに。世の中は。

そのときにね、オフェンスラインのコーチ陣にもぐり込んだんやけど、どんくさい子の教え方はおんなじやったのが面白かったなあ。

足の運び、ステップから、細かく、細かく教えとった。「こうやっとけ」ではあかんねん。一緒にやって、丁寧に教えると伝わるんやな。いまはタブレットを使ったりして、より効果的に教えられるんちゃうかなと思うけどね。

アメリカ人は厚かましいわ。

ロサンゼルスでもバイトしとったよ。生活費稼ぐために。OBの久保孝成さん（一九六七年卒）の串焼き屋でね。繁盛しとったな。それこそテニスのジミー・コナーズとか、永ちゃんが来とったで。矢沢永吉。

アメリカ人は基本的に厚かましい。店の人間にサービスを要求してくるしね。それはチップという文化があるからやけど、カスタマーと店員の利益が合致するからああいう文化が成り立つんやろね。

大学のフットボールで感じたのは、アメリカの学生は、ほんまアピールするのが得意というか、好きやねん。「自分にチャンスくれ」とか平気で言うよ。俺が見てもアカンなと思う選手でも堂々とアピールしてくる。

このとき目撃したことは、今でも活きてるよ。試合に出られへん、ユニフォーム着られへん、練習でもユニット練習に入れてもらえへん、ということは、コーチ陣からすれば「試合に出られるレベルには至ってない」というメッセージなんです。

でも、学生は納得してるわけではない。自分ではできると思ってるから。そうすると、学生が自分で気づくように持っていかなアカンと思ったね。

アメリカ人の場合は、自分の力を認めてもらうためには強さを示さなあかん言うて、すぐにオフェンスとディフェンスでケンカになるしね。

ほんま厚かましいんよ。あれだけ自分に自信持てるいうのは、才能やね。

でも、自分の能力を悟らせるいうのもコーチの大事な能力ですよ。言葉だけでなく、練習でそう感じさせるのも大切だなと分かったね。

一時帰国したときに別室に連れていかれたんや。

今の学生は、俺らの世代が一九八〇年代にどれだけアメリカに憧れ、どれだけフットボールの情報を欲しがってたか、分からんやろね。とにかくアメリカの情報が欲しくて欲しくてたまらんかった。アメリカの『コーチング・ジャーナル』みたいな雑誌を定期購読したり、ビデオを送ってもらったりしてたからね。

それでもって、俺が一時帰国するときとか、ぎょうさんＶＨＳのビデオテープを持って帰ってきたわけ。もうVHSいうても分からん世代が増えてきたけどな。それでどないなったと思う？

税関で足止めや。職員は俺がエロビデオを大量に持って帰ってきたと思い込んで調べ始めたよ。そんなことする顔に見える？　見えへんやろ。で、俺はきちんと主張したよ。

「何度も言うてますよね？　フットボールのビデオやって言うてるでしょ。そんな早回しでいくら見ても、フットボールの映像しか出てきませんて。パス、ラン、ブロック、そんなんばっかりですから」

それはホンマのこと。確か三十本くらい持って帰ってきたんちゃうかな。

でも、エロ雑誌を持ってたのは見つかったけどね。それはバレた。

冗談はともかく、帰国したときにおばあちゃんが亡くなってね。帰ってきて病院に顔見に行って、ちょっとしたら亡くなりました。おかんが「秀晃が帰ってくるの、待ってたんちゃうかな」言うてたけど、そういうのは人間あるんやろね。なにか思いを遂げるために生き永らえる、いうことが。

コーチになったばかりのことを思い出すと、反省ばかりやな。

何年かアメリカで過ごして、アメリカのカレッジフットボールの組織についてのことはだいたい分かりました。UCLAのようなメジャーカレッジのビッグプログラムと、サザンオレゴンのような小さな大学のこじんまりとしたプログラム。今の関西学院はスタッフの数とか考えると、ちょうどその中間くらいかな。プロコーチが三人で、学校職員が三人。あとは週末に来てくれるサンデーコーチやからね。

アメリカのNCAAはコーチの人数を決めてます。なぜかいうたら、お金がある学校はいくらでも雇えんねん。ビッグプログラムやったら、資金は潤沢やからね。だから財政面で差がつかないようにルールをつくってるわけです。これがアメリカ式の平等。

それでもって、アメリカから帰ってきたのが二十六歳のときです。だから、一九八六年。ここから六年間はディフェンス・コーディネーターをやって、一九九二年から監督という立場になるんやけどね。

帰ってくる前年、一九八五年の十二月、明治と戦った甲子園ボウルのときは一時帰国してます。

そんときな、甲子園で勝って御堂筋をみんなで歩いとった。みんなでパレードですよ。それで御堂筋から心斎橋に入って歩いとったらケンカになったんよ。こっちはデカいカバンかついでるし、歌うたってるから、そりゃ怒られるよ。向こうからしたら、おもろないわな。そうしたら絡まれて、「指、ないねんぞ!」とすごまれた。

「どんくさいからちゃうか?」と言い返したよ。ほんま、そう思うもん。まあ、勝ちましたよ。運動選手は強いねん、ケンカには。でも、それを目撃した学生らは、「あの人、ヤバいで。あんな怖い先輩が、来年からコーチに来るらしいで」と戦々恐々としてたらしい。

時代が違うからね。今そんなことしたら一発でアウト。学生には「チームに迷惑がかかるから絶対ケンカすんな」ってきつく言うてます。

そうして、一九八六年から関西学院にコーチとして入ったんやけど、フルタイムで学生を見られるんは、俺だけやった。

ディフェンスとキッキング担当やったんやけど、オフェンスがなあ。基本の当たりができてへんかった。俺が学生でおったときよりも、レベルが低くなってて、ぜんぜんあかん。

大学卒業後、UCLAに押しかけてオフェンスラインのコーチ陣にもぐりこんで勉強させてもらいました（写真は著者とUCLAのテリー・ドナヒューヘッドコーチ）

そこで俺が全部教えとってん。

おそらく、当時の関西学院は教えなさすぎてたんちゃうかな。

俺が卒業した翌シーズン、一九八二年は京大に負けて甲子園ボウルの連続出場記録が途切れたんです。

実は、俺のオヤジが第四回の甲子園ボウルに出たのが初出場で、俺が第三十三回の出場やった。三十回連続。それが俺の一学年下で途切れた。京大に負けて、まさかと思ったで。その次の年も京大に負けた。一九八四年は近大とプレーオフになって、なんとか甲子園行って、俺が臨時帰国してた一九八五年は甲子園でも勝てた。まあ俺は何もしてへんけどな。

俺が帰ってきて見た感じでは、なんとか勝ってたけれども、基本が疎かになってる印象があったね。ブロックも、タックルもできひん。練習が軽くなったせいもあったのか、部員も増えとった。運営面でもちょっとむずかしい時期だったかもわからんね。

アメリカでは高校で当たりの基本を教えるので、カレッジではそこは省ける。でも、日本では素人もおるし、イチから教えることになったから、やらなあかんことが増えた。

まだ俺も二十代やったから、ヘルメットかぶってガンガン当たってたよ。三十代も当たって、四十になっても当たってたけどね。さすがに四十後半になったら一年生だけに当たるようにしたけど。

教えてるうちにのみ込みの早い選手が、教えられるようになるからね。教わる、教えるというプロセスをたどると、どんどん理解が深まっていくんです。

その方が得やろ。だからそういう選手をひとりでも多くつくるのが当時のコーチとしての仕事だったね。

そんときの俺は、喋りすぎてたな。

四年のときは、よく怒ってた言うたやろ。コーチになったばかりのときは、喋りすぎやった。教えすぎ。ダメやった。

後輩を勝たせたい思いが強すぎたんやと思う。

勝つためには教えなしゃあない思ってたし、一方的に喋ってたんです。学生の言葉を聞かないでね。

教えたことがなかなかできない選手がいたとしたら、「なんでできへんと思う?」と今だったら聞いてます。でも、昔は違った。

「どんくさいな」と思っとった。

最低やろ。コーチになったばかりの頃を思い出すと、ほんまに反省ばっかりや。やっぱり、「上から目線」やったんやろな。アメリカで勉強してきたことをなんとか伝えたい思うのはええやん。でも、そこにはどこか「上から目線」が抜けてなくて、そのまま学生に接しとったように思う。

「それくらい分からへんのか？」と言いながら、学生に無理矢理返事させてたと思うわ。いろいろと喋りすぎとった。

それでもって、ハイって返事してるのに、なんでできひんねんと、段々とこちらがフラストレーションを溜めるパターン。最悪ですよ。そんな程度やったと思うで。俺は学生に考える機会を与えてなかった。

フットボールいうのは、打ち込んだらね、これだけ面白いものはないよ、ほんまに。関西学院の場合は四年生が中心になってチームを運営していくし、学生が自分で考えられるからおもろいねん。やらされとったら、型にはめられとったら、面白いわけがない。

フットボールだけやなく、スポーツ自体が自分で考えてアドリブでできるから面白いわけです。フットボールは1秒、いやコンマ何秒の世界で状況判断が必要になってきます。それはフィールドに出てる全員の判断。ランプレーであっても、ワイドレシーバーがしっかりとブロックできるかどうか、一瞬の判断がロングゲインにつながることがあるんです。

じゃあ、自分で考えるいうのは、どういうことか。自分からコーチに対してアイデアを出すということなんです。すると、自分でフットボールのことを勉強せな無理。コーチと話をするにあたって、しっかりと準備をすることが大事で、これはすべてに通じると思うよ。

コーチ側からすれば、学生がちゃんと意見を交わせるくらいの準備をしてへんかったら、アイデアを却下します。でも、こういう経験が大きいと思うで、学生にしてみれば。大人と話すいうことは、きちんと準備をして、プレゼンテーションをせんことには、話にならへんからね。

こういう考える風土は、俺が学生のときからあったよ。コーチたちは仕事を持ってたから、練習の最後にしか来られへんとか普通。そうなると、自分らで考える文化が自然と出来上がってた。

ところが、それを崩したのが他ならぬ俺や。

アメリカから帰ってきて、やる気に燃えてた二十代の青年。面倒くさいやろ。実質的なコーチは俺しかおれへんということで、ずいぶんと上から指示を出して、「やらせる」スタイルになってしまってね。

やらせすぎたのは、俺の失敗や。俺がやらなあかんと思いすぎてたね。

たぶん、当時の選手は俺のことを怖いと思うてたはずや。大学卒業してからグラウンドに戻ってくるやろ。すると「監督、めっちゃ優しい人やないですか」って言うもん。そりゃそうや。歳とったら、そんなに怒ってられへんけど、あのときの俺はとにかく未熟やったね。

アメリカでも、若いコーチは自分の型にはめようとしがちやね。

若いうちはね、だいたいの人間は研究熱心やし、教えたくて仕方がない。俺もそうやった。それでもって「自分の方がフットボールは詳しい」というプライドもあるから、オーバーコーチングになりがちやねん。

アメリカでもそう。二十代、三十代前半のコーチたちは熱意にあふれてるのはええけど、やりすぎやねん。俺の若いときと一緒。向こうのヘッドコーチが言うとった。

「若いコーチについては、教えすぎてないか、学生とのコミュニケーションを省いてないか、そのあたりを観察しとかなあかん」

なるほど、と思ってんけど、本当の意味が分かるようになるのは、ずっと歳とってからやった。

むずかしいのは、ヘッドコーチが若いコーチに言いすぎてもダメだということです。言いすぎると、今度は若いコーチのやる気がなくなってしまうからね。

だから、ヘッドコーチいうのは選手のミスだけではなくて、コーチのミスにも寛容でないとダメ。指導者として、何があかんのか、何ができてへんのか、自分で考えさせないと成長がないからね。自分で考えてれば、そのうち、どっちが得か気づくようになるわ。

どんな競技だって、そうやと思うよ。イチローの打撃フォーム、コーチの人たちはみんな、直したかったんちゃう？　でも、仰木彬さんが「好きにやらせたらええ」と言ったから、イチローは前でさばくフォームを完成させたわけやろ。それでアメリカで歴史に名を刻んだわけです。

アホなコーチに限って、いらんこと言うねん。分かってるコーチは、ちゃんと見てる。損得発想で観察してけば、無理矢理変えさせるよりも、選手に気づいてもらった方が得や、と気づくようになるよ。

そしたらな、「あのコーチ、話分かるで」とか言われるようになるよ、すぐに。

負けてしまったら、学生に頭下げて謝るしかないよ。

俺も若い頃、もうちょっとうまく会話ができて、コーチングの引き出しがあれば、選手たちはもっと早く上達してた可能性があると思うね。そう考えると、申し訳ない。

俺の言うことを聞け！　それはあかんわ。聞く耳持たないのも当たり前ですよ。うまいこといかへんから、俺もようストレスが溜まってたね。

だから、いろいろ経験してきてからこそ、今の俺があんねん。最初から名将みたいな人なんて、おらんで。ただ、自分のやり方で失敗してたときに勝たれへんかった学生は、かわいそうやけどな……。申し訳ないと思うけど。

もっとええ指導者がおったら、四年生のときに勝って、晴れ晴れとした気持ちで卒業できたかもしれない学生がいるわけです。

ただ、負けたからいうて学生のせいにする指導者もなかにはおるからね。それは男としてカッコ悪い。

負けたら、学生に頭下げるしかないよ。最近はいつもライスボウルで負けるので、頭下げてシーズンを終わってます。

まあ、それはともかく、負けさせてしもうてんから、謝るしかないよ。

「こうやってやれ」って言うても、学生は理解しませんよ。

六年間コーチして、一九九二年から監督になりました。そのとき、大きな変化があってね。前監督の伊角さんはじめ、先輩方が辞めはってね。指導陣の人数がガクンと減ったんです。

「お前ひとりで大丈夫やろ」と言われても、そりゃ毎日グラウンドには来られるけど、フットボールはひとりではできひんからね。

そのうち、一九八九年には学生時代にラインバッカーやってた堀口直親が帰ってきてくれて、それから一九九三年には俺の二年後輩にあたる小野宏も戻ってきてくれたけど、ふたりとも学校職員やから、フルタイムで練習の準備をするわけにはいかなかった。その他にも卒業生で週末に足を運んでくれるコーチはいるけれども、コーチの頭数が絶対的に足りない。

俺が戻ってきてからの関西学生リーグの成績見ると、こんな感じや。

一九八六年　優勝　京大　二位　関西学院
一九八七年　優勝　京大　二位　関西学院
一九八八年　優勝　関西学院
一九八九年　優勝　関西学院
一九九〇年　優勝　京大　六位　関西学院
一九九一年　同率優勝　関西学院　京大

それまでの水準からすると、厳しい状況が続いとった。俺が監督になった一年目（一九九二年）も京大に負けて、翌年はなんとか優勝したけど、一九九四年に立命館が初優勝して、混戦になってきた。

「これは自分ひとりではどうにもならへんな」と感じたのが一九九五年あたりです。この年は京大が優勝して、立命館が二位、ウチが二年連続で三位。じゃあ、どうしたらええかと考えると、「四年生にしっかりしてもらわな無理や」という結論に達したわけです。

そうなるといろいろ発見が出てくる。それまでは上から目線で「こうやってやれ」言うとったけど、そんなん効果ないと気づく。そうじゃなしに、学生には問いかける方が得やな、ということにずいぶんと時間がかかってようやく気づいたんです。

「どうやったらうまくなんねん？　どうしたら強くなんねん？　賢くなるには、どうしたらいい？」

どんどん四年生に質問していき、考えてもらいました。

もともと、考えることは俺らのときからやってたよ。でも、そのレベルではあかんねん。もっと賢く、もっと強くならなあかんと思ったね。そのためには四年生がとことん賢くなって、下級生に説明できるところまでもっていかないと勝てない。

仮説の立て方、課題をどう解決するのか。みんな四年生が考えるようにして、俺と話し合って軌道修正していく。

こちらとしては、「この方が得ちゃうの?」とかツッコミ入れて、ブラッシュアップしていけばいい。ようやくこのあたりで自分のスタイルを見つけ始めたいうことやろね。

フットボールのこと勉強しにアメリカ行ったのに、気づいたのは、卒業してからもう十年以上も経ったときやった。

コーチというのは、それくらいむずかしい商売やね。

第三章

賢くなってもらうために、面談を始めたんです

面談は記録することに意味があるんです。

現実問題、一九九〇年代に立命館が強くなってきたことで、改革の必要に迫られたいうことやね。カッコいい言い方をすれば。でも、そんなきれいごとじゃないよ。必死。どうやったら関西学院の強さを取り戻せるかを考えて、四年生に働きかけをしたいうことです。チームを強くするためには、コーチを増やさなあかん。でも、現実的には無理です。それじゃ、四年生に賢いリーダーになってもらわなあかんと思って、面談を始めたわけです。

それまでも、伝えてるつもりやったよ。四年生全員を教室に集めて、「自分の技術を磨くだけでなく、後輩を育てたり、コーチとしての視点を持ってください。そうせんと勝たれへんで」と話してはいました。でも、みんなに向かって話していても、ダメなんやな。誰も自分のことだとは受け止めてなかった。学生からしてみたら、「みんなが言われてることやろ」てなもんです。つまり、俺に向けては言われてないと思っとる。当事者意識の欠如や。

結局、みんなに伝えるいうことは、何も伝わらへんいうことを学んだわけです。

じゃあ、どうやったら伝わるのか。それで、学生との「一対一」の約束をつくらなしゃあないと考えた。学生一人ひとりと約束を交わして、学生が本気にならない限り、チーム自体も本気にならへんしね。

面談するにあたっては、話だけしとってても人間は忘れてしまう。記録に残して、自分の発言に責任を持ってもらおうと考えました。始めた頃は、留年した学生コーチに面談の内容を筆記させてたかなあ。それか、下級生に書かせてたか。下級生を前に約束したら、そりゃやるで。四年生なら。

面談は記録することに意味があるんです。

面談の記録を残すことはいまでも続いてます。筆記からカセットテープレコーダーの時代になって、そこからまた進化してＶＨＳのレコーダーに録画したりしたかな。ああ、そうそう、８ｍｍビデオに録画したときもあったと思うで。録画する機械は学校で用意するから、自分たちでテープを持ってこいと話してたように思います。面談のテープを卒業してからも大切に保管してるＯＢもおるで。なかには、聞かせに来てくれるＯＢもいます。そんなことをずっと続けてきたわけや。

今では便利なもので、ＩＣレコーダーやスマートフォンに録音できるようになった。どれだけ文明は進化するんやろ。そのうち、スマートフォンでの面接になったりするんやろか。それはあかんな。やっぱり、面と向かって約束せなダメですよ。

面談は成功やったと思う。

一九九六年は京大、立命館と同率優勝やったけど、一九九七年は単独優勝、一九九九年からは三連覇したからね。

四年生がより責任を持って部の運営に関わるようになり、フットボールの技術に対する理解が深まったと思うわ。結局、四年生が教えるということは、技術を深く知らなければ教えられないわけで、選手たちのレベルが上がったように思うよ。深く知ることでフットボールの面白さに目覚めたんちゃうかな。考えれば考えるほど、よりフットボールの面白さに気づく。

四年生に賢くなってもらわなしゃあないと思って始めた面談やったけど、そういう効果があったね。

自分の弱さを認めることがカッコえぇで。

面談の内容やけど、俺が求めてるのはね、四年生にはまず、過去三年間の自分の活動を一年ずつ振り返ってくれ、と言うてます。そのうえで、四年生になって何ができるかを考えてもらって、それらを書類に書いたうえで面談をするわけです。

今はパソコンやけど、昔は手書きやったな。それをもとに話をするわけやけど、その書類は選手と監督のものだけではなくて、同じ学年の間で共有しなさいと言うてます。つまり、仲間に向かって自分が何に取り組むのか、それを宣言するわけやな。

そこで大切なのは、「自分をさらけ出せ」ということです。ええかっこするな。自分に嘘をついても結局はバレるんやから、弱さを認めたうえで最後の一年間に取り組んで欲しい。三年までサボってた人間が、四年になっていきなり行儀のいいこと書いてきても、誰も信用せぇへんで。当たり前や、そんなこと。人間、四年生になると急に上級生づらして、下級生に偉そうに言うヤツは、昔からいっぱいおった。それは人としておかしいし、信用してもらえない。じゃあ、どうやったら信用してもらえるのか。それを考えることは、つまり自分に向き合うしかないよ。

たとえば、「自分は二年のとき、リハビリばっかりで腐ってました。ケガそのものではなく、腐っていたことが自分の成長を止めてました」と、弱さを認めたうえで面談にくる学生は成長するチャンスが大いにあるよ。

そしてその弱さを認めて下級生に接していけば、信頼してもらえるようになる。ケガやら何やら、あれこれ理由をつけてはサボっとったから、フットボールが面白いわけがない。でもな、サボるのは簡単やけど、取り戻すのが大変やで……。そう下級生に言ったら、ずいぶんと説得力あるよ。

現実問題、四年になっていきなり成長するのはむずかしいんです。三年生までの土台があればこそ、成長できる。四年生になって、自分と向き合ったときに、そのことに気づくんや。そう感じたのなら、下級生にそう伝えて欲しい。

「ケガしてサボっとったら、取り返しつかへんで。自分は最後の年やから真剣にフットボールに取り組むけれど、下級生のうちに早く気づいて、フットボールと真正面から取り組んでたらこんなことにはならへん――」

自分の非を認めた方がカッコええよ。筋が通ってるから。

そうやって自分の弱さを認め、「一緒に頑張ろうや」と下級生に話せば、信頼されるようになるし、部の中での存在価値が高まる。フットボールにもたくさん発見があるだろうし、おそらく、社会に出てからも成功するでしょう。

ケガ人をいたわることもチームの強さにつながるよ。

そういえば、四年生の面談シートにこんなんがあった。一、二年生のとき、ケガして落ち込んでるときに、上級生からの励ましがなかったってね。これを甘えととる人もいるでしょう。そういう面もあるかも分からんけど、違う面もあると思うね。

昔から体育会いうのは、ケガで戦線離脱してる人間には冷たい目線を向ける傾向がある。キツい練習せえへんで、いい身分やなとか。いらんこと言うヤツもおるよ。

それはやっぱり違う。おかしいで。

いつ、自分がケガ人になるか分からんし、そのあたりは想像力を働かせんとね。自分が下級生のときに上級生からの励ましがなかったとしたなら、自分から積極的にケガ人に話しかけることが大切だと分かるはずです。

ちゃんとリハビリせえへんかったら、後で困るから、頑張りや。

最近どうやねん？

そんな言葉でええねん。関西学院ではケガ人をケアするカルチャーがかなりできてると思うで。それを実践すれば、それだけで尊敬を集めると思うし、チームも強くなる。

とにかく俺が嫌いなのは、自分の非を隠したり、棚上げして模範解答のような書類を書いてくる連中です。そういうのがうまい人間もおるからね。

そんなんやったら、「嘘つき」ですよ。

悪い見本はいらんねん。そういう人間やったら、辞めてもらった方がええ。

そうなるためには同級生という仲間も大事で、ぬるいことを言ってる人間を許したらあかん。お互いが思っていることをぶつけ合って、本音を引き出さなければ、信頼関係は築けませんよ。お互いがチェックし合って、苦しい方を選択できる関係でありたいね。学生の間は。

四年生には、「みんなキャプテンと同じ気持ちでやってくれ」言うてます。

自分の学生生活を振り返ることが、よき選手への第一歩やと思うね。でも、面談する学生のなかには、行数が少なかったり、文章を読んでもやる気が感じられない学生もおるよ。中身があって少ないのはいいけれど、中身がなくて行数も少ない、熱意もないなら、クラブにいる意味がないよ。自分はどんな貢献ができるか、何も考えてないということやからね。嫌々書いた文章いうのは、読んでると分かるねん。

「お前、真剣に考えろや」と言って、書き直しさせますよ。

ただ、面談期間が始まると、最近は学生同士で共有してるから、早い段階で面談が終わった連中が、「こんなん、あかんで。監督に書き直しさせられるで」と同級生にダメ出しをして、面談前に直してくる選手もいます。学生同士のコミュニケーションで修正できるのはいいことやね。でも、最大の目的はそれぞれの学生がクラブに対して何で貢献できるのかを真剣に考えることで、模範解答をつくることではない。

四年生に求めているのは、「みんな、キャプテンと同じ気持ちでやってくれ」ということです。それは自分が学生のときから言われていたことでね。

キャプテンいうたら、大変ですよ。大学では誰もが一目置く存在。日常生活からすべて観察されるわけです。

キャプテンがだらしない姿勢で電車に乗るか？

もの食いながら、歩いたりするか？

授業中に寝ますか？

そんなことしとったら、キャプテンだけでなく、フットボール部自体の評価も落ちるよ。だからこそ、他の四年生も同じことです。筋肉ムキムキの丸刈りの人間が、授業中にだらしない態度をとっていたら、「アメリカンや」とみんなに分かるからね。見られてるという意識を持つことは人間的な成長につながりますよ。

それは対外的なことだけではなくて、クラブのモラルにも関わってくる問題なんです。

俺が学生に約束できるのは、俺も、コーチも、四六時中試合のことばっかり考えてるいうこと。完全にフットボール中心、フットボール脳や。俺だって、家から大学に来るまでの運転中、フットボールのことばっかり考えてるよ。春だってそう。秋のことを見据えながらあれやこれや考え続けてる。

四年生もそのレベルに到達しないと、勝てませんよ、と。キャプテンだけやなく、四年生全員がそうならんと勝てへんで、と伝えてます。

四年生にはそういうことが求められてるのに、ニヤニヤしながら歩いている姿を見たら、俺は「四年としてもっと考えることあるんちゃう?」と質問したくなるわ。実際には、せえへんけど。それは本人の自覚の問題やからね。

だけどな、学校のなかでそういうたるんだ顔を見せるのはダメやというのが俺の考えやねん。笑うな、とは言わへん。でも、みんなが見ているところでは、不必要に歯を見せるないうことです。なぜなら、練習のハドルのなかでさっきまでちゃらちゃら喋っとった人間が話をしても、説得力がないからね。そのときだけ偉そうにしててもしゃあない。下級生は「この人、フットボールのことをずっとは考えてないもんな」と見抜いてます。

四年生が笑うんやったら、バレへんところでやれいうことです。

でも、そういうヤツに限って、「一分、いや一秒を大切にしたいです」とか面談で言うてくるんや。それなのに、フットボールのこと忘れてんちゃう? とツッコミたくなるわ。

ウチの四年生はほんま大変なんよ。試合のことがある。仲間のことがある。下級生のときにしっかり単位とってなければ、授業も大変。おまけに後輩にも教えなあかん。自分の時間なんてないよ。でも、四年生は人生で一回しかない。負けてからああすればよかった……そんなこと思ったとしてもしゃあない。

四年生になって、自分としっかり向き合い行動できるかどうか。それともサボるか。どっちが得ですか。

できてへんヤツは、辞めてもらってええよ。

面談を経て、最終学年の活動が始まるわけやけど、最終的に学生の存在意義はどんな尺度で判断されるかというと、「誰かに何かを与えられるかどうか」で決まると思うな。勝ち負けやない。一緒に長い時間を過ごして、どれだけ仲間たちにいい影響を与えられるか、それが大切やと思う。

だから面談では、下級生にいい影響を与えてください、それができないんやったら、意味がないですよ、と。それまでちゃらんぽらんにやっとっても、自分の弱さを認めればチャンスあるで、と。

「変わるんやったら変わってくれ。下級生に『あの人は変わった』と言われるように、いい手本になってください。それができへんようなら辞めてくれ」と言うてます。

四年生が毎日、大学やグラウンドに通ってきて、どういうプラスを与えられるのか。それをとことん突き詰めて欲しいねん。来ても来なくてもええんやったら、来なくてええ。毎日来て、誰かに何かを、動機づけや何やらを与える。そして効果をもたらす。そうでないと親御さんに負担をかけて活動を続けていく意味がないよ。

だから俺は四年生にハッキリ言うよ。

「できてへんヤツがおったら、辞めてもらったらええ」

いくら四年生いうたかて、悪い見本はいらんねん。下級生もそんな先輩と一緒にはフットボールやりたないはずや。見極めて、同級生がハッキリ言うてやった方がええ。

でも、今どきの学生は優しいからね。辞めてもらうという発想がないし、衝突を避けたがる。でも、そんなんではできてへんヤツは変わらんよ。

つまり、ウチのクラブでは、誰もが簡単に四年生になれるわけではないということです。

あ、単位をとってれば、社会的にはなれるけどね。でも、フットボール部では背負うものがあるので、責任を果たしてくれんことにはチームには残れませんよ、ということ。漫然と過ごしてても意味ないよ。いいところに就職することを考えてフットボールをやってる人間には限界が来る。そんなんで卒業しても意味ないわ。

ユニフォーム着て、試合に出る。そんなことには価値はないよ。

たまに四年生に怒ることがあってね。春のシーズンの試合に出られるいうて、喜んでる選手がおった。偉そうに試合で頑張るとか言うてるけど、実際には交代で出ていって、貢献できずにチームは負けとる。

自分が出たら負けるいうことをどう考えてんねん、と。

ユニフォームを着たいですと自己満足で言うのはええけど、ユニフォームを着るいうことは、関西学院を背負ってんねんで。分かる?

自分が出られてうれしい。でも負けたら意味ないよ。ウチで試合に出るいうのはそういうことなんや、と。親が見に来てるところで、失敗したプレー見せたいんか? ちゃうやろ。親御さん、泣きよるで。それでええの？　そうやって怒ることもあるよ。

そうならないためには、面談で覚悟を持って、練習の段階からしっかりしたプレーをしないといけないわけです。ディフェンスやったら、ミスをするとタッチダウンを奪われるし、オフェンスやったら、得点が入るところでつまらん反則をして罰退させられたら、フィールドゴールも蹴られへんようになる。

こう言うと、えらいキツそうに聞こえるやろ。でも、ぜんぜん違うねん。

関西学院の四年生は最高におもろい思うで。自分らでやりたいようにできる。ずっと、フットボールのこと考えてたらね。だって、自分らで考えて練習計画も練られるんやで。それをコーチとブラッシュアップして、実行する。すごい勉強の機会ですよ。

四年間なんて、アッという間です。長い人生でフットボールに打ち込める時間なんてわずかなんですよ。ここで頑張らな、いつ頑張るんですかいう話ですね。

俺もう、うるさく言う気はないねん。自分で分かってもらわなしゃあないもん。無理矢理言ってやらせるのは、本望ではない。自分で考えて、モノにしてこそ成長がある。

そこに生きていくヒントがあると思うけどね。自分で問題を発見できて解決するのが、いちばん大事なことです。

学生の生活を考えると、大学の勉強、フットボール、人間関係までひっくるめて、ずっとそれに打ち込めるいうのは、すごい経験やで。一回、こういうこと経験しとったら、社会に出ても楽や思うよ。妙な正義感を発揮しなければ。

大阪弁がええんやろな。

こうした面談、他の大学でもやってるみたいよ。フットボールだけやなしに、他の競技の指導者も部員全員と面談してます、みたいなこと聞きます。

でも、ウチの面談とは中身がだいぶ違うんやないかな。俺は追い込むねん。学生を徹底的に。なぜそういうことが可能かというとね、肝心なのは〝大阪弁〟で面談するいうことなんです。これ、結構大事なことやで。

なぜかというと、大阪弁はめっちゃキツいこと言うても、そうは聞こえへんねん。だから面談では相当きついツッコミを言うてるけど、選手からするとイジられてる感じで、受け入れやすくなっとると思う。大阪弁は、そのあたりの匙加減がしやすい。なんといっても、俺らは吉本で育っとるからね。

たとえば、「お前、アホか。そんな気持ちでやってるんやったら、辞めた方がええで」とか平気で言うよ。でも、顔はめちゃめちゃ笑っとる。そういうことが可能な言語やねん。大阪のカルチャーは、ツッコミ、突っ込まれることで成り立ってるから、変なわだかまりはないはずだと思うね。

ただ、関東から来てる学生にとっては、カルチャーショックかもしれへんなあ、この大阪弁による指導。関東の子にはなかなか伝わらへん。人格否定されてるように思うかも分からん。そんなことあらへん言うても、ニュアンスをつかむまでには時間がかかるよね。関東から来た選手が実際におったんやけど、その学生が卒業してから俺がこう質問したのよ。

「俺の大阪弁、分かっとった？」

そしたら、こう言いおった。

「最初の三年間、あんまり分からなかったです」

笑ったよ。それやったら、誰かに聞けや（笑）。ひょっとしたら、四年生のときも分からんかったんちゃうかな。

ここまでは笑い話や。現実を振り返ってみると、その学生はレギュラーにはなれんかった。それは言葉の問題もあったんちゃうかな、と思う。

ほんま、要注意やで、関東出身の学生に喋るときは。

言葉を理解せんで練習しても、遠回りになるだけやからね。分からんままにやっとったか、それとも雰囲気に流されてやっとったのかもしれんね。そうなると、アサインメントの理解が乏しくなって、応用が効かなくなる。もったいないよ。

だから、日本人がアメリカに飛び出してレギュラーをとるのは大変だと思う。英語を理解してなければ、「コイツ、分かっとんのか?」とコーチに思われて使われへん。言葉いうのはそれくらい大事です。

そう思うと、自分が考えてることを教えるのは本当に難しいし、理解させるのも難しいことだと思う。よう考えてから伝えなあかん。それも勉強ですよ。

俺の面談は圧迫面接らしいで。

そんなこんなで、面談は二〇一九年まで続いたっちゅうわけや。この仕組みをつくったから、学生が主体的になり、クラブの土台がつくられたというのはあると思う。

自分と向き合って面談シートを書けば、就職活動のエントリーシートは楽勝らしいで。それでもって、俺の面談は圧迫面接らしい。なので、就職の面接も楽勝。そういうことだから、ファイターズの部員は就職がすごくいいです。サンデー毎日なんかに出ている「有名400社への就職率」（大学通信）という調査データがあって、関西学院大学全体も30％ぐらいですごくいいねんけど、キャリアセンターにうちの部員を調べてもらったら毎年70％ぐらいで飛びぬけてるらしいわ。何年か前に週刊誌「FRIDAY」が取材したいって言ってきたので「部員がなんか不祥事をしたんか」とびびったんやけど、記事は「慶応大ラグビー部と関学アメフト部が一番就職がいい」という内容やったわ（笑）。

社会に出る前に、四年生には勝って卒業してもらうのがいちばんええねんけど、毎年毎年そうなるわけではないからね。勝負事だから。

最終的には四年間で人間的な成長を遂げること、中身の成長がいちばん大切です。男としてデカくなったな、と。それを見るのがいちばんうれしいんや。

最後の送り出しは、中学、高校、大学合同の壮行会をやります。最後に大学四年生に向けて俺が話をするわけやけど、毎年伝えてることは一緒。

四年間、関西学院でフットボールやりました。甲子園ボウルでプレーして優勝して、お正月はライスボウルにも出ました。それ、なんの自慢にもならへんよ、と。

会社に入ったらしっかり働いて、「あいつできるな。ファイターズか。なるほどな」と言われる人間になってください。新しい人生を切り開いて、社会に貢献してくれたらうれしい。世界に羽ばたいてる先輩もぎょうさんおるから。そないなことを話します。

ここで四年間頑張ってきたんやったら、その後は頑張らんと普通にやっとっても成功すると思うで。あかんヤツに限って、「ファイターズ出身です」とか余計なことを言いよる。

そんなこと言わんでも済むよう、面談のときから自覚を持たせてるつもりです。

第四章

学生が育つよう、できることはたくさんあるよ

学生をコントロールしようと思うの、大間違いやで。

さっきまで、面談についていろいろ言うたけど、面談は指導者が言いたいことを言う場ではないです。これはハッキリ言うておきます。

ずっと学生たちと接してきて、何よりも思うのは、「学生を自分の思うようにコントロールしたらあかん」ということやね。

これは若いときの自分の経験から戒めていることでもあるし、四年生が下級生を思い通りにしようとしているのを見ても、ほんまにダメやと思う。俺が若いときに間違えたようなことは、誰にもして欲しくないねん。

コーチの言うことを聞かせるのがスポーツの目的ではないで。そんな当たり前のことが忘れられてます。

だから、練習を始める前に、目的と意図をちゃんと伝えてください。これは当たり前です。物事にはすべて理由があるということを学生に考えさせながら分からせてや、とコーチたちにはずっと言ってきました。

フットボール部は、あくまでも教育の場です。物事を考えてもらう機会を与えんと育つものも育たへんで。

考えて、自分で解決できたら、人間またおもろなっていくねん。

「ハイ」って返事には騙されたらあかんで。

自分の経験上、日本の学生たちは何も分かってないのに、「ハイ」って返事する癖がついてるから、これには騙されたらあかんで。コーチたちに言ってるのは、同じ「ハイ」という返事でも、理解している学生とそうでない学生を見分けなあかん、と。

分かってへんのに、ハイと返事をする。これは日本の伝統芸能ですよ。目上の人にはとにかくハイ、ハイ、そうですねと返事しておけば無難。でも、フットボールでは無難やないねん。

説明させてみるのがいちばんいいかも分からんけど、それも無理矢理ではね。空返事をしていると、どないなことになるか、自分が損をするいうことを理解させないとダメ。

分からないと言うことは、なんも恥ずかしいことやない。分からないとハッキリ言えるようにならん限り、試合にも出られへんし、社会に出てから困るのはお前らやで、と。年数が経てば経つほど、人間には妙なプライドが芽生えてきて、質問できんようになる。カッコ悪い言うて。四年生になって今さら聞けへんのは、悲劇やで。

学生時代に必要なのは、分からんところを整理することやと思うね。分からんままやっとったら、損するのは自分なんですよ。こんなんは本当は高校の間に済ませておいて欲しいけど、いまの高校では、理解してないとしても、「ハイ」って言わな怒られるから、自動的にイエスマンになっているのが山ほどおるで。従順という言葉にすればきれいやけど、なんも考えずに返事だけ立派な人間が多いよ。

これね、日本の教育の大きな問題やと思います。小学校のときから、手を挙げることを奨励されて大きくなってきた。分からんでも手を挙げなあかん雰囲気があんねん。そうすると、「分かりません」って質問するのに手を挙げるのが恥ずかしいことになっていくねんな。おかしいよ、これは。

日本人は幼稚園や保育園の頃は大人に対して質問攻めやで。「これなに？　これなに？」って、聞いてくるわな。みんなそうしてきたよ。親は説明せなしゃあない。

なんで聞かなくなると思う？　まともに答えてくれる大人が少ないからや。そういう意味では責任は大人の方にあるんやけどね。それで空気読め、とか実態のない訳の分からんものに取り込まれて、誰も質問しなくなる。怖いよね、そうなってしまったら。フットボールやったら、絶対負けてまうで。

観察や、観察。練習前の学生を見てると、いろいろなことが分かるで。

でもな、学生いうのはなかなか思うように育ってはくれへん。もう少し、フットボールのこと考えたら、試合に出られるのにと思う選手は毎年います。でも、「やれ」とは言わない。俺は臆病やから、恨まれるようなことは言いたかないで。

成長というものは、毎日の練習を観察してると分かるねん。試合の前、試合中、自分が何をしてるかというと、「観察」してるわけです。それが仕事やね。

観察をしてると、その学生が「うわべ」だけで生きてるか、それとも本気でフットボールのことを考えてるか分かってくる。

秋になれば、誰もが本気になる。四年生で試合に出られるかどうか分からん選手は、本気になるよ。でも、そのときでは遅いねん。

春の試合を観察してると、いろいろなことが見えてきます。試合が昼過ぎに始まるとしたら、自分は朝の九時にはグラウンドに行ってるよ。まだ、誰もおらへんときにね。下級生はまだいい。四年生がヘラヘラ笑いながらグラウンドに入ってくるようでは、あかんわな。

春は関東にも遠征するんです。遠征メンバーのほとんどは、交代でも試合に出る。その意味が分かってるんですか、と。そんなヘラヘラしてたら、自分のプレーを１００パーセント成功させられますか、と選手に聞きたいよ。俺は、試合会場に入ってくる姿を見てたんやで、と。

それは練習も一緒。選手が練習にやってくる。笑ってるのか、それとも何かを考えてるかは、見てれば分かる。同級生と話しながらやってくるときは、どんなことを喋っとるか、そういうのも想像するわけです。

学生でフットボールができる時間は限られてるのに、グラウンドに来てるだけのヤツもおる。早くグラウンドに来ているのに、何もせずに話すだけの人間もいます。「早く来て

成長というものは、毎日の練習を観察してると分かるねん。試合の前、試合中、自分が何をしてるかというと、「観察」してるわけです。それが仕事やね。

るんやったら、練習したらええのに」とは思いますよ。そんなんやったらもっと遅く来ても構わへんよとか言いたくなる。

グラウンドに来てる目的はなんやねん。課題があるんやったら、やってくれたらええねん。ひとりでできる練習もあるし、仲間見つけて合わせる練習もある。それ、下級生を巻き込んでいったらええだけの話。

ぎょうさんやることあるのに、早く来て楽しそうに喋ってたら、下級生はどう思う？ただ、早く来てるだけの人やて思われるで。それやったら意味ないよ。

それで試合に出て、ミスばっかりしとったヤツが翌日に笑ってたら、「信頼してええのかな？」と思ってしまうよね。

この学生、きのうの失敗のことをどう思ってんのか、どこに失敗の原因があるのか、分かってんのか？　と不安になるよ。自分の失敗の重大性を認識せずに反省せんで、ちゃらちゃらしてたら、また同じ失敗を繰り返すんやろな、と思うよ。そういう選手は怖くて使えない。

でも、言いません。練習はやらせるもんじゃないし、一人ひとりにそんなこと言ってたら、キリがないしね。

昔やっとった昼の番組じゃないけれども、「笑うてる場合ですか？」てなもんですよ。

学生には時間が無限にあるように思えるんでしょう。

グラウンドに来てまでヘラヘラしてるのは、青春の浪費やと思うな。もったいない。時間は嘘をつかへん。自分が秋のシーズンで責任を背負うことを春の段階からイメージできひんのやろな。笑うてる場合ちゃうで。

不思議なもんで、大人と学生の時間の感覚は違うんやろね。学生には時間が無限にあるように思えるんでしょう。せやけど、秋はまだまだ先と思ってること自体おかしい。秋には練習時間が増えない。分析と対策に追われるからね。時間がないと思って春から真剣モードで練習せえへんかったら間に合わへん。試合モードで練習して初めて、それが平常心になっていくわけやから。

やっぱり、想像力が豊かな人間でないと、競技力は上がらへん。普段からどれだけ苦しい場面を想定して練習できるか。クオーターバックだったら一本一本のパスを大切に投げる。レシーバーもどれだけ真剣に試合を想定して受けられるか。それが大事やねん。

それにね、ミスしたヤツがヘラヘラしてるのを周りの人間が許してたらあかんよ。たとえば、クオーターバックがどうしようもないパスばかり放ってたら、レシーバー陣がそれを許したらダメです。

でも、それを監督から言うても効果がなくなるだけ。春から言うてたら、秋には息切れしてしまう。人間て、面倒やねん。だから、おもろいんやけどね。

みんながみんな、同じタイミングで成長していくわけではないからね。

いちばん成長する時期いうのは、人それぞれです。自覚をもって取り組んでいれば早いし、四年になって理解力が上がり、ぐわーっと伸びる選手もいます。

ウチを卒業してパナソニックでプレーしている木戸崇斗いうレシーバーがおるんやけど、秋の立命館戦の前に、チームで五本の指に入る筋力数値を出してきよってん。一年生でね。

「どれくらいの間隔でウエートトレーニングやってんの?」って聞いたら、週に十二、三回言うてた。びっくりしたよ。

それだけ筋力あればなかなかケガしないし、一年でも当たり負けない。だから木戸は一年生で立命館戦出て、甲子園出て、ライスボウルにも出よった。こういう選手もいます。だから一年生や二年生にそういう先輩がおったんやで、と話をする。それでもって、下級生に「週に何回筋トレやってんの？」って聞いたら、週に三回て言うねん。「おいおい、そのへんのサラリーマンかて週三はやってるで」とツッコミ入れといたわ。お前、サラリーマンやないんやから、真剣にやれと。

意識が高い連中は、一週間、二週間単位で設定数値を上げていく気でおるよ。結局は自覚の問題なんです。

反対に、四年生になって花を咲かせた選手で思い出すのは、二〇一八年のディフェンスバックの荒川陸という選手かな。兵庫の三田松聖高校出身で高校時代までは未経験。それでもって三年生までは、あんまり試合出てへんかったのに、四年生になったら先発や。いっぺん、インターセプト・リターンもしよったで。

荒川の場合は、先輩たちが抜けて四年生になった自分がやらなあかんという強い気持ちが出たんでしょう。それまでサボってたわけではなくて、四年生になると責任の感じ方のレベルが違ってくる。その証拠に、ミーティングでの発言も増えたってコーチたちが言うてたから。

それが、関西学院の四年生のあるべき姿やと思う。

そういう先輩がいることが大事なんやな。コツコツやっていって、チームに貢献する。そういう手本がいるから、代々、力が受け継がれていくわけです。


四年間で変わらな、おもろないねん。


関西学院で四年間フットボールをやる。何のためにやるか。

指導者の立場からすれば、人間形成やけど、学生の立場になってみたら、「新しい自分を発見すること」やないかなあ。入ってきたときにおとなしくて、出ていくときもおとなしいままやったら、入ってきた意味あらへん。変わってこそ、意味がある。

お前、変わったなあ。これ、最高の褒め言葉やと思うけどな。それでええと思う。体つきだけやなしに、中身も変わったな、と。

それでね、久しぶりに母校の中学や高校を訪ねていって、お世話になった先生がそう言うてくれたらええねん。俺としても、そう言ってもらえたら、大学四年間を預かった指導者としてもうれしいしね。

でも、学生に「お前、変われ」言うてもムダ。言わんでええねん。変われって言われて変わったとしても、なんもおもろないわな。

指導者は「何考えてやってんの？」と、それだけ聞いたらええねん。見といたらええ。話を聞いて、それやったらこっちの方がええんちゃうか？　と助言をするだけでええ。コーチング、子育て、なんでもそうやけど、自分の型にはめようとするからおかしくなるねん。

見守って、最後の最後に「お前、変わったな」でええんちゃう？　ほんまに。

自己主張する選手。欲しいな、ほんまに。

「変わったなあ」と言うためには見守ることが大事なんやけど、技術的な面では個人を見ないとダメな時代になったね。ポジションごとやなく、個人です。それだけコーチングスタッフが必要になります。

選手個人の能力を見ながら、「何がいちばんええんかな？」と考えていく必要があるね。さっきの木戸の話やないけど、筋トレにしても、全員が同じメニューをするのではなく、個人用のプログラムをつくらなあかん。

これも今と昔の大きな違いでしょう。昔と今を比べると、嫌がられるけれども、これだけ長いこと学生たちを見てると、変化は感じるよ。

最近感じてるのは、自己主張せえへん学生が多いということ。なにも考えてない連中は論外やけど、いろいろと考えて、いいことを思いついてるのに主張せえへん。もったいないなあ思うよ。

兄弟が少ないのか知らんけど、競争力が弱いとは感じる。親も過保護に育ててる傾向が強いんでしょう。でも、かわいい、かわいい言うて育てても、しゃあないと思うよ。

俺、質問したいよ。会社の管理職やっとって、新人が入ってきたら、かわいい、かわいい言うて育てますか？　って。せえへんやろ。

学生としては、自己主張を抑えることで対立を避けたいんだろうね。無難にまとめがちになる。それは分かるねんけど、フットボールの世界は無難にやっとったら勝たれへんから。やっぱり、学生同士が侃々諤々、お互いに議論を戦わせた方がええよ。自己主張する選手。欲しいな、ほんまに。そういう選手がビッグプレーをすんねん。

人間関係をサボったらあきませんよ。

人間の信頼いうのは、どこで生まれるか。

いちばん言いにくいことを相手に対してハッキリ言えて、お互いが納得してこそはじめて信頼関係が芽生えんねん。うわべだけでは絶対にあかん。

今の学生は、「アイツに言ったら、言い返されるから面倒くさい」という発想になってるね。これ、おかしいで。

コミュニケーションに絶対的な方法はない。人それぞれや。

でも、これだけは言える。主張すべきことを主張して、相手の言いたいことにも耳を傾ける。相手の個性を受け入れれば、自分も相手に認めてもらうことにつながるわけです。むずかしい言葉で言うたら、寛容性ということなんやろか。

人間ちゅう生き物は、「サボり」なんです、もともと。楽な道と苦しい道があったら、楽な道を選ぶのが普通の人間です。でも、そこであえて苦しい道を選べば成長があんねん。そこで必要なものが、仲間です。

四年生同士で妥協することなく、楽な方を選んで後悔するよりは、苦しい道を選ぶことが得やと思うようになる。それで、みんなが苦しい道を選べば、自然と集団のレベルが上がっていく。

人間関係をサボってたら、ダメなんですよ。

関西学院のフットボール部での四年間は、正論が堂々と言える貴重な場でもある。イデオロギーの衝突やないけれど、クラブを強くするために意見の衝突があるのは当然。正解はないからね。

ただし、今の学生を見ていると、リーダーにならない子たちは、考える力が弱いね。もともと考える習慣がなく、上から言われたことや与えられたことをきっちりとこなすことで結果を残して生きてきた学生もいます。自分の考えを実現することの喜びを知らないから、意見もよう言わん。

リーダーたちは、みんなを考える方向に持っていくようにしないといけない。大学では、みんなが納得して練習して試合に臨んだ方がいいに決まってるからね。

でも、なかにはどうにも路線から外れそうになる人間もおるわけです。サボりとは違うよ。意見が違う人間。そういう人間を省いたらアカン。大学生には四年間しか時間がないし、根本的な発想が違っていたとしても、なんとかクラブを強くする方向に持っていけばいいよ。

妥協が大事なときもあるよ。

ケンカや衝突が目的で、クラブやってるわけやないからね。妥協点を見つける。そうした知的訓練をしていくことも、大学では大切だと思いますね。

ただ、四年生が卒業するときは、こう伝えておくのも忘れんようにしてます。

社会に出てから正論ばっかり言って、妙な正義感を出しすぎたら自分が困るで、と。関西学院で学んだことを忘れないようにしつつ、うまいことやれ、と。会社組織と大学のフットボールはまた違う組織やから、自分の匙加減を覚えなさいというのは伝えてます。

会社にはまた別の論理展開があるでしょう。そこで自分の考えを大切にしつつ、周囲と自分の意見を調整していくことを覚えればええんちゃうかな。

自分が信じるイデオロギーみたいなもんも大切だし、社会に出たら妥協も大切なんですよ。

要は、うまくやってということ。


質問することの最終目的は、フットボールを理解し、判断力を磨くことやね。


長年、学生を見てると質問がうまい選手がおんねん。ポイントをつかまえとる人間。こういう選手は理解力が高いから、成長も早く、深くなります。

それがプレーではどう表現されるかというと、機転が利くいうか、応用が効くようになってくるんです。プレーの本質を理解して、より効果的なアクションを自分から起こせるようになる。そうなったら、見ている方としても安心ですよ。経験を積めば積むほど、上手になっていくしね。

その点、丸覚えだけではあかんのや。応用ができひんから、想定外のことが起こったときの対処が一歩遅れるねん。だから、スポーツの世界では指示待ち人間は基本的にうまくならへんよ。

指示待ち人間、教えてもらいたい人間だけでは、チームは強くなっていかないよ。解決する意欲を持ってもらわんと、ユニフォームは着られへん。試合に出たかったら、自分で考えてアイデアを出しにくるような学生が欲しい。待ってるだけの人間は、ウチにはいらないです。

二〇一八年のチームには、四年生のクオーターバックで西野航輝がおった。西野はね、最初はクオーターバックとしての勉強がもうひとつやった。応用が効かなくてね。それが勉強の仕方が分かってきたら、「フットボールが面白くなってきました」言うて、自分から質問はするし、どんどん勉強するようになっとった。

質問ができるようになるとね、ここにも課題がある、あっちにはこんな問題があると気づくようになんねん。そうすると、自分だけではなしに、人を動かして課題を解決していくようになります。

指導者としては、それがうれしいね。フットボール自体は、めっちゃ面白いねん。これは保証します。理解が深まれば深まるほど、面白くなるよ。

生活面や練習、人間関係では苦しいかも分からんけど、ゲーム自体はめっちゃおもろいねん。準備をすればするほど、ゲームの深みをのぞける。それができるかできひんかが勝負の分かれ目ですよ。

今までの俺の説明で、フットボールの魅力が伝わったんちゃう？　命令通り動くのがフットボールかと思ってたかもしらんけど、個の判断力なくして試合に勝つことはできません。だから、フットボールは面白い。

高校とかでは、プレーが成功したとしても、予定とは違ったプレーをしてたら怒られることもあるらしい。そんなん、ロボットちゃうで。人間や。スポーツはいろいろなことが起きて、それに対して自分がどう動くか決められるから面白いねん。それは少年野球だって同じです。

判断も科学できんねんな、今の世の中。

面白さが分かってきて、準備もようできた。勝つ可能性は高くなってる。でも、負けるときもある。それがフットボールです。

じゃあ、どこが勝負の分かれ目になるかというと、ゲーム中の判断力です。

フットボールはプレーごとに止まる競技で、ワンプレー、ワンプレーごとに自分の役割があって、どんだけ準備しとっても違うことが起きんねん。

究極の状態になったとき、人間はどう動くのか。興味があっていろいろ調べてたら、アメリカの軍隊に、「OODAループ」(「ウーダループ」という意志決定のモデル)があった。これがおもろいねん。

もともとは、アメリカ空軍のジョン・ボイドという大佐が提唱した理論らしいけど、航空戦に臨むパイロットの意思決定を研究したものです。パイロットは音速を超える世界で勝負せなあかんけど、それが科学されとるわけや。「OODA」いうのは、こういうことです。

観察する(Observe)
情勢に適応する(Orient)
意思決定する(Decide)

行動する（Act）

頭文字をとってＯＯＤＡやな。言葉で分解すると分かりやすいね。Plan, Do, Check, Actionという「ＰＤＣＡ」というのもあったけど、こっちは団体行動の指針で古くなってます。ＯＯＤＡはこの四つのプロセスの繰り返しで、意思を決定することを明らかにしたわけ。

アメリカの空軍では、ＯＯＤＡを日常の訓練から叩き込まれて、状況、状況によって自分で判断してくださいよ、ということが徹底されてる。そういう訓練されとんねん。軍隊といえども、最後は自分の判断に委ねられる。これは重要なことです。

スポーツも同じ。状況、状況で素早く判断せな負けてまう。今まではそれを「危機管理」と言うてたけど、ＯＯＤＡというものを知って、フットボールも同じやなと。応用できるなとピンときたよ。要は、危機的状況になってるのに、いちいち上の人間に聞いてる暇なんかない。最終的には個人の判断力を磨かなあかん。

だから学生たちには、観察して、適応して、決断して、アクションを起こすスピードを上げられるように指導していく。日頃から。日常がぬるかったら、判断スピードも上がらへんで。だから、練習が大事なんです。

具体的には、どのように指導するかというと、クオーターバックにはこんな感じ。

いろいろなディフェンスシステムがあって、フォーメーションや動きは毎回毎回違います。クオーターバックいうのは、誰々がこう来たらこうしようとか、練習の段階で身についてはいます。

うまくいかなかったときに、どういうアドバイスをするかというと、ディフェンスがブリッツ（ディフェンスが守るべきエリアや相手を捨て、クオーターバックにプレッシャーをかけること）に来たら、逃げながら、ちゃんと「観察」してくださいと。そして状況に対応しながら、ターゲットを見つけてください。

たとえば、試合のレビューをしながらでも、教えることができる。映像を見せながら、こういう選択肢もあったよね、と指摘して、観察、対応力を磨いてもらう。それらを総合的に判断して、意志決定をする。そしてレシーバーに放ったり、投げ捨ててくださいということを学んでいってもらう。

パイロットの訓練も同じようなもんやと思うで。これこれこういう状況が想定されるから、しっかりと観察して、適応しながら決断してください、と。クオーターバックは優秀なパイロットになれるんちゃうかな。

ＯＯＤＡいうのは、とても優秀なアイデアだったんでしょう。どうやら、アメリカの空軍だけにとどまらず、陸軍、海軍、海兵隊やらすべての軍隊、ＮＡＴＯ（北大西洋条約機構）でも使われていて、今ではシリコンバレーとか、アメリカのビジネスの最前線でも活用されてるらしいで。

それでもって、関西学院でも導入しております。

第五章　教育いうのは、奥が深いで

指導の基本は、やっぱり言葉やね。

昔の指導者には、「話しても分からんヤツは、しばいたらええねん」とか平気で言う人がおった。アホかと思うね。しばいても分かるわけがないよ。それって、自分が指導者として無能だということをアピールしてるのと一緒やで。

俺はね、高校のサッカー部のときにようしばかれとった。今でも覚えてるよ。北陽（現・関大北陽）との練習試合でな、なんかまずいプレーしたんやろ。そしたら試合中なのに呼ばれてビンタされそうになってん。俺、それをかわしてしもうて。しもた！ と思ったけど、もう遅いわ。それでしばかれて、「行ってこい！」言われたけど、何を言いたいのか、何をすればいいのか、具体的なことは何も伝わってへんかったで。

しばいたところで、選手は何も分からへんよ。我慢するだけ。忍耐力はつくかもしらんけど、意見は言えへんようになって、クラブにとってはプラスにならない。

しばく、怒鳴る。そんな指導者は、俺からしたら教えるセンスがないことを露呈してるだけやねん。言葉で分からせる気がないから、手が出たり、意味のない言葉で怒鳴っとるだけやね。

真剣に日本一狙ってるチームやったら、根性あるのは当たり前です。その根性を試そうという発想も貧しいよ。そんなことせんと、指導者やったら新しいことに挑戦せい、ということです。スポーツは根性や！　といまだに思ってる人がおるやん。いやいや、スポーツは科学ですって言いたいよ。

関西のフットボールは、そのあたりはリベラルやないかな。ウチだけではなくてね。他の学校もカラーはいろいろと違うけれども、意見を言える風土があると思うよ。

とにかく指導者だけやなしに、選手も言葉を尽くすのが大事やいうことを忘れないでほしいね。


指導方法の確認の意味で、教職課程を取ることにしたんです。

一九九二年に監督になったやろ。京大と立命館と三つ巴の時期が続いてきて、俺も一九九九年に四十歳を迎えた。不惑や。惑わず、ですよ。でも、惑ってたよ。コーチ時代を含めればもう十年以上もフットボールを教えてたけど、ある日気づいた。

「俺、教育のこと勉強しないまま、ここまで来てしまったな」と思ったわけです。大学卒業して、アメリカに行ってコーチの勉強して、日本に帰ってきたのが二十八歳くらい。そこで、四十歳を迎えたからいうわけやなかったけど、もう一度立ち止まって教育、人に教えることを整理して考えたいと思ったわけです。でも、教育関係の本を読んだところで、すぐにやめるやろなと思った。

忙しいから、なんの強制もなしに勉強するのは無理やと思ってね。家の仕事もあるし、フットボールのことだっていくら時間があっても足りない。教育のことを勉強したいと思っても、後まわしになってしまう。

せやったら、先生として教壇に立つのは現実的ではないけれども、教員免許を取ることを目標に定めたわけです。

それで関西学院で勉強しようと思ったんやけど、教職の授業が五時間目からやから、練習に出られへん。みんなはどうやってるんですか？　と相談しに行ったら、「みなさん、通信教育で取ってはります」って言うから調べたよ。そしたら、佛教大学で勉強できることが分かってね。

ところが、誤算があった。佛教大学では、俺が関西学院大学文学部で取得した単位は半分ぐらいしか認められませんと言われてびっくりしたわ。これ、おかしいよね。他の大学で取った単位を積極的に認めていけば、社会人になってから学ぼうとする人がもっともっと増えると思うんやけどな。

しゃあないからイチから勉強しよう思って授業料四十万円くらい払ったよ。そしたら山ほど教科書が送られてきて、いっぺんにやる気なくしたわ。それでも自分で払ってるから、やらなかったら損やと思ってやったけど、あれ、親の金やったら勉強せえへんかもね。

通信は楽勝やと思ってたら、これが違った。あれ、レポートだけとちゃうねん。レポートを出して、それが通ったら試験を受けなあかんねん。通信やから、試験は提携している全国の会場で受けられるんやけど、後輩の結婚式が東京であるからその前に受けたり、試合前に時間を調整して、奈良大学とか関西大学に行ったりとか、頑張ったよ。

俺ね、通信でとってる人の方が偉いと思うで。結構、しんどいから。通信なんて、と思う気持ちがあったけど、学校でとるよりよっぽどしんどいよ。

学校の教室と、フットボールのフィールドでは決定的な違いがあると気づいたね。

四十歳で学んだ意味は、新しいものを仕入れて得になったということではなく、自分が今までやってきたことを体系化して確認できたのが大きかったね。

俺、ちゃんとできとったわ、ということが分かったんです。

「六十の手習い」いう言葉があるやろ。あれ、みんな六十歳から何か新しいことを始めようという風に思ってるけど、それはちゃうで。六十歳までに地道にやってきたことを、さらに確認して、上のレベルに行くことやと思う。六十歳で新しいことできるかいな。少し考えれば分かりそうなもんや。

だから、二十年近くフットボールの現場に携わってきて、いいタイミングで勉強できたと思うねん。早くても遅くてもあかんかった。俺にとってはあのタイミングやった。

俺は社会科の免許をとろうと思って勉強したけど、日本史や地理の知識を詰め込むばかりではなくて、教える方法とかも勉強するわけです。これが参考になったね。

生徒が分からないことをどうやって理解させるか。話し方によっては、分かるようになるんです。

ただし学校では教えることが順番で決まってるから、何人かの子が理解できないままに進んでいく場合があるけど、フットボールでそれをやってしまったら試合に負けてまうねん。これは大きな違いやと思ったね。フットボールの場合は、どこかで個別に教えて、理解してもらわないことには、致命的なプレーになりかねないんです。

だから、教員免許をとろうと思っていろいろ勉強して、フットボールの現場で必要なことが改めて確認できたんです。これは大きかった。

学校のしんどいところは、三十人、四十人の生徒をいっぺんに見ること。しかもクラス替えとかしとったら、すぐに終わってしまう。しっかりと教えるにはフットボールと同じように、中学なり高校の三年間は同じ担任が面倒を見るというのがええんちゃうかなあ。そして担任を一年休んで充電して、それからまた新しく一年生を受け持って、三年間付き合うとかね。

その点、部活動は、先生なりコーチなりが三年間教えられるわけで、その点では生徒の人生に影響を与えることができるよね。ブラック部活とか言われて大変やけど、やり方が必ずあるはずなんや。だから、部活から学べることもあるで。マイナスの面ばかりではなく、そういう部分もあると思います。

教育実習、いろいろ勉強させてもらいました。

知識や理論をいろいろ学んでいって、最後の仕上げは教育実習です。四十歳の教育実習。ええやろ。

面白かったで、摂津高校での教育実習。まず、驚いたのは、俺が高校一年に入学したときの担任、三浦先生がまだいてはった。いったい、何年おるん？　人事異動はどうなってんの？　と思うたわ。だって二十年以上やで。実習では日本史を教えようと思ってたけど、三浦先生の担当教科の地理に変えました。

それに身分がバレてるから、実習生であっても実習生ではない。教頭先生から、「高校二年生を対象に講演してくれませんか？」と頼まれてね。実習生が講演するなんて前代未聞やから、ファイターズの監督として講演しました。

学校という現場は、いろいろと矛盾があるのも感じた。他の実習生と一緒に——これはみんな大学生やけど——神妙にオリエンテーションを聞いたんやけど、「教室では携帯電話の操作は禁止です」とルールが決まってるということやった。それなのに、教室で生徒がいじってても誰も注意せえへん。これ、先生の方がルールを守ってない。

言うたんやったら、きちんとやれや、と言いたかったね。大人がルールを守らんから、学生にナメられるんちゃうかな。筋を通すというのは大事なことです。

実習期間中いろいろな授業を見学したら、先生たちの伝える技術のレベルにバラつきがあるようにも感じたね。ずっと黒板に向かって喋っとる理科の先生がおった。誰に喋ってんねん。

学校の先生は、伝えることにもっとフォーカスした方がええんちゃうかな？　と感じたんです。フットボールでは、選手がコーチの言うことを理解しないと、ミスが出て負ける。コーチも伝え方を工夫してるわけです。教室でのそういう伝え方を教えるコーチがおってもええんちゃうかな。

教壇で必要なのは、「つかみ」やったな。

教育実習で感じたのは、フットボールの現場と教育の現場で何が大切かを突き詰めていくと、同じところに到達するもんやなということです。

まずは、愛情をもって生徒に接しなければいけないということ。

そして、日々成長していってもらうために、生徒から考えを引き出さなければならない。

それには技術がいるということもね。

授業で教壇に立ったのは、二、三回やったかな。でも、みんなに分からせるように喋らなあかんというのはなかなか難しいものでね。教壇では、ちゃんと分かるように喋ってあげなあかんという訓練ができた。貴重な機会やったなあ。特定の人物に分かるように話すのとは違うから、みんなに興味を持ってもらうためには話法、知識、いろいろなものが必要だと思ったね。

授業でもなんでも、人に対して話すときに大切なのは、「つかみ」ですよ。漫才も、落語も、授業も一緒。

つかみが大事なのが分かったのは、笑福亭銀瓶ちゃんと河島英五さんの娘の河島あみるさんが、ＡＢＣ朝日放送でやっとるラジオ番組に呼ばれてからです。それから銀瓶ちゃんと付き合いが始まってな。落語を聞きに行くようになったんです。

落語って、ほんますごいな。よう考えたら、口だけでみんなを引きずり込まなあかん商売や。ダラダラ難しい言葉使ってもしゃあないし、短くて分かりやすい言葉で、聞いてる方がハッとするような言い方をせなあかんねん。

今でも、教育実習でどんなつかみを話したか覚えてるよ。ちょうど地震のメカニズムを教えるときで、地震がどうやって起きるかをいきなり説明しても「お勉強」になってしまうわな。だから俺は「みんな、将来子どもを持つようになると思うけど、日本は地震国やから、なんで地震が起こるのか、子どもたちから質問されるで。それに答えられるかどうかで、親の威厳に影響が出る。きょう、ちゃんと授業を聞いてれば、一生、地震のメカニズムについて話すには困らへんで」と話したんです。

結局、人間がどれだけ真剣に人の話を聞くかどうかは、その人の実感と結びついてるかどうかだと思うね。そういう仕掛けを教える側は用意しなければいけないと実感した。

カントの言葉があるんです。

教えるなら、きちんと伝えなければいけない。これは誰でも一緒やと思う。それには技術が必要で、そこで差がつくんやないかな。

十八世紀のプロイセン出身の大哲学者、エマニュエル・カントの言葉にこんなのがあんねん。

「人間は教育されて、はじめて人間になることができる」

動物は生まれた瞬間からきちんと生きていけるねん。人間はほったらかしとったら、人間の形をした生き物でしかない。教育をしなければいけないんです。

嫌なニュースやけど、親が子どもを虐待するいうのがある。ニュースを聞いてるだけで、胸が痛むで。そんなニュースを聞くたびに、親がしっかりとした教育を受けんかったんかな、と思うねん。普通は、あんなひどいことはせえへん。人間やったら。

子どもをほったらかしてる間に、事故が起きる。アメリカやったら、ベビーシッターを呼んでおかな通報されるからね。欧米では法律で子どもを保護する形になっとるけど、日本もそうならざるを得ないんちゃう？

まあ、それはともかく、日本は教育のスタイルが問題。人間を育てるために、やれることはもっともっとあると思うね。

教育実習に行ってから、テレビを見とっても、人の話を聞いとっても、伝え方についてずいぶんと考えるようになったよ。


アメリカ人は伝え方がうまいな。


アメリカ人いうのは、伝え方、プレゼンテーションについてはやりよる。マイケル・サンデルの「ハーバード白熱教室」、あれは面白いで。先生がテーマを学生に投げかけ、いろいろなやりとりをする。ああいう授業やったら、先生も面白いし、学生も楽しいと思うねん。でも、楽しむためには準備が必要になる。あれ、学生たちは結構、予習してるはずですよ。

あの番組を見てるだけでも、若者にとっての先生の意味というのが大きいのが分かるね。小学校や中学校、あるいは高校でも、知識ばかりではなく、「夢」を語ってくれる先生がいたら面白いんちゃうかな。

サンデル先生の授業聞いとったら、自分が世界を変えられるんちゃうかな？　と思ってしまうよ。俺も、ハーバードに行けばよかったかな。入られへんかな。

俺のアメリカでの経験を照らし合わせてみると、向こうでは先生たちがいろいろ考える機会を提示していて、学生たちは好きなときに好きなことを勉強できる仕組みがあるね。

フットボールを数学で読み解いてもええねん。

たとえば、こんなことがあったんです。サザンオレゴン大学に行っとったときに、一年目は寮に入ってたんやけど、ルームメイトの学生が、数学の勉強してた。「アメリカの大学の数学、どんなもんやろ？」と思って覗いたら、これが因数分解。大学生が因数分解？どうなってるんだと。レベルが低いんちゃうか思うたけど、よくよく考えていくと、これは大切なことだと気づいたわけです。

その因数分解、俺でも簡単に解ける問題でね。中学時代に解き方を仕込まれてるからできるねん。でも、中学を卒業してからは、一度も使ったことがない。それは役に立たんからではなく、効果的な使い方を知らんからやと気づいた。中学時代に仕込まれて、その後はまったく使わんようになってるよりも、大学生で好きで因数分解やっとった方が、応用が効くよね。

俺が考えてるのは、学生に対して自分が興味を持っている勉強の分野とフットボールを結び付けさせることができたら、えらい面白くなるんちゃうかな、ということなんです。よくよく考えるとフットボールは数学のスポーツでもある。たとえば、クォーターバックってパスを放るときに、ものすごく数学的な計算をしてるわけです。視神経やら、脳とかを動員してね。

スナップを受けて、自分がパスを投げるタイミングを割り出すわけやけど、パスは角度と速さの組み合わせです。それだけではなくて、レシーバーのスピードと走る距離を計算して、ドンピシャでボールを落とさなあかん。これ、すごいと思わへん?

俺は、人間はすごい能力を持ってると思うねん。相手からプレッシャーを受けるなか、一瞬にして解答を見つけて、肉体を使って成功させる。もちろん、失敗する場合も多いけど、練習によって成功率を高めることはできるしね。これ、言葉にすると感動的やね。

結局、数学が好きやったら、フットボールも数学の世界に落とし込める。これ、おもろいよね。人生、無駄なことはない。自分が必要なことを必要な時期に学べばええねん。

オフェンスラインも数学ですよ。オフェンスのプレーには、二人一組になっての「コンビネーション・ブロック」がある。これはボールキャリアーが、この方向に行きたいんやったら、自分たちは協力してこの角度で相手に当たったらええという数学が必要なんです。要は、ベクトル。力の方向に対する理解。

そういう論理的なアプローチをしていくと、一歩目に踏み出す足の方向や二歩目にどうすればいいかが、のみ込みの早い奴は言語化せんでも、すぐに分かりよる。

だからね、ウチの場合は四年生になると下級生にいろいろなテクニックを伝授していくわけやけど、数学的な知識があったら、それを使って上手に伝えることができるよ。そうすれば理解度が上がるし、定着率も上がるねん。

スポーツの面白さの一つは、教室で習ったことを応用すると、ものすごい発見があるいうことです。

ただ、それには訓練が必要で、日本のように教室で受け身で授業受けても、なかなか発見はないんちゃうかな。一方的に教えられるだけだと、考える習慣がつかんからね。使われている言葉に興味を持って、それで自分で調べるだけでもうまくなる可能性はあるで。

だから、言葉を磨くということもチームを強くする方法なんですよ。上級生が教室で学んだことをフットボールの言葉として下級生に説明するのに使ったり、あるいは本場アメリカで使われている用語の意味を調べていったりするだけでも、そのプレーの本質に気づいたりすることがあんねん。要は好奇心。興味を持てば、どんどんフットボールも楽しくなってくるはずです。

スポーツの楽しさって、どこにあると思う？　勝つために考えることやで。

言葉を磨く、ということで思い出したけど、最近の選手たちって、「試合を楽しむ」って言葉を使うやろ。あれ、誤解されとんねん。

あれ、英語に当てはめるとするなら、エンジョイとはちゃうで。本当はエンリッチメント、enrichment や。

その単語をだな、日本の新聞記者が外国の選手に話を聞いたときに、エンリッチ

(enrich) を「楽しみたい」と訳してしまった。それからおかしくなっとる。これ、誤訳なだけやなしに、日本のスポーツの価値観をねじ曲げとんねん。

ちょっと考えたら分かるよ。オリンピックという舞台に立ったら、自分がどれだけできるか知りたいよ。ドキドキ、ワクワクや。そこで自分の気持ちをコントロールして、ええパフォーマンスを見せたら楽しいわな。でも、これはエンジョイちゃうで。

スポーツの世界で楽しむいうのは、チャラチャラと笑顔でプレーするのとは違う。相手が強いと、いろいろと考えなあかん。それで練習して自分が強くなっていくプロセスがあって、試合で自分の力を発揮できるのが楽しいねん。

Enrichment を辞書で引いてみると、分かるよ。価値を高めるとか、土地を肥やすとか、そういう意味やねん。rich を高めることですよ。

数学もそう、英語もそう。フットボールやるなら、英語はやっといた方がええに決まってるよ。Sweep, slant, post, blitz, sack, double team, eat the ball、けったいな言葉がぎょうさんあんねんけど、その語源をたどっていくだけでも、フットボールがうまくなるんちゃうかな。

そういう好奇心が選手には欲しいね。

アクティブラーニングが必要なんちゃうかな。

これからの日本は、そうした発想や教え方が大切になると思うね。アメリカは、それぞれの州や学校によって違うだろうけれども、高校までは授業では話し合いが多い印象がある。そのかわり、大学になったら自分に必要だと思う単位をとる。それが数学だったりするわけです。

今の日本の大学生に対しては、生きていくために必要な知恵やヒントを与えなければ意味がないだろうと思う。

だって、分からんことは、ネットで調べれば出てくるよ。それが間違ってたりするけどね。だったら、大学の先生は知識と現実世界を頭の中で融合させて、世の中でどう使っていくのか教えて欲しいわ。それが二十一世紀の大学の役割だろうし、学生からしてみれば、それを教室で得る場所が大学ちゃうの？　親御さんは結構なお金を払ってるわけやし、学生も自分から学びに行く姿勢がないとあかんけどね。

教室では、いろいろな考え方やイデオロギーがあることを理解しつつ、自分が世界に出たときに役割を発見すればいいと思うんです。

いろいろと総合して考えていくと、先生の役割って、可能性を提示することやと思う。生徒たちに対して、自分はこんな仕事に就きたい、こんなこともやってみたいって思わせられたら役割を果たしてるんちゃうかな。

それは教科書を読んでいるだけでは得られないということです。

学生に行動を起こさせないことには、なんも身につかず、単位という数字だけが残されるんちゃうかな。

第六章

関西学院いうのは、負けないチームやと思う

「関西学院」とはいっても、毎年毎年違うチームなんですよ。

自分で考える。考えていることを言葉にする。そして四年間かけて、変わっていく。学生を預かって、育てる目標はそこにあんねんけど、チームが全体として目指すものもある。それを三十年以上繰り返してきたわけです。

監督になってから、どのチームが印象に残ってますか？　やっぱり、ライスボウルで勝った二〇〇一年度のチームですか？　って言われるんやけど、毎年毎年違うチームやから、比較なんてするのはナンセンスやで。

毎年、学生のいろんな思いがあるわけで、指導者いうもんはその思いに応えるのが仕事やからね。

ただし、「カラー」というものはどの学校、どのチームにもあるよ。何か昔から伝わってるものがね。

関西学院のキャンパスって、素晴らしいよ。初めて来た人は、「外国にいるみたい」と思ってしまうんちゃう？　関西学院はミッションスクールで、大学自体はスマートやねん。

付属の中学、高校から上がってきた人間も多いし、スマートでぼんぼんのイメージですよ。それがウチのスクールカラー。

関西学院のフットボールは泥臭いよ。

でも、スマートなぼんぼんが、チャラチャラやってて勝てるわけないな。フットボール部は昔から泥臭い。それだけの努力をずっと積み重ねてきたわけです。

昔はグラウンド整備、今は用具の出し入れなどの練習の準備と片付け、掃除やらは、四年生がやってます。なんでか言うたら、いちばん時間があるから。一年生はぎょうさん授業出なあかんし、いそがしいよ。環境の変化にも慣れないかんしね。

昔はね、一年生がグラウンド整備やら雑用をやってたんです。でも、途中から俺が変えた。四年生がいちばん先にグラウンドに来て、いちばん遅くに帰っていく。逆に一年生がいちばん遅くにグラウンドにやってきて、いちばん最初に帰っていく。

このエピソードだけを取ってみれば、四年生が泥臭くやる、というイメージで捉えられるけれど、俺からしたら合理的判断です。下級生のうちにきちんと単位をとってしまえば、四年生になってフットボールに集中できる環境がつくれんねん。せやから、しっかり勉強する。自分の代で勝ちたいんやったら、一生懸命勉強して、四年生になったら時間をぎょうさん使って考えて、練習したらええねん。それを下級生が見て、それにならってチームをつくっていけばいいわけで。

関東の人たちからは意外に思われてるらしいけど、ウチには部の合宿所はないんです。自宅から通ってる生徒も多いし、下宿の子もおる。下宿してる子らは、親御さんたちのお金の負担は大変やと思う。ただ、自宅から通う子のなかには、片道一時間以上かけて大学まで来る子もおるからね。

以前と違って、勉強も大変やし、往復の通学時間がもったいないと思うけど、合宿所を建てたい思うても、先立つものがないことにはどうしようもあらへん。本当は大学がフットボールを「正課外教育」として認めてくれるのであれば、いろいろと経済的な援助も期待できるかもしれへんけど、フットボールのスタッフが決められることではないからね。それは俺が退いたあとの課題ちゃうかな。

どういうフットボールをやりたかったかいうと、負けないフットボールやね。

俺が関西学院に戻ってきたのが一九八六年、監督になったのが一九九二年。じゃあ、どういうフットボールをやりたかったのかというと、「負けないフットボール」やね。それは若いときからずっと考えてた気がする。しぶといアメフトや。それは実現できてるんちゃうかな。

どうしてそういう発想になったかというと、十代のころにまで遡ります。まだ、俺の髪もふさふさのときや。

オヤジの影響でずっと関西学院を見てきて、なにしろ毎年甲子園ボウルに出てるわけやから、勝つのは当たり前やと思うてる。それでもまた、勝ち方がええねん。

いや、違うな。負けないフットボールをずっとやってた気がする。

俺が浪人しとったときの一九七七年の「涙の日生球場」。どないしたら、こんなすごい試合ができるんやろか、と感じたよ。

それと俺が四年生のときの京大との試合。あれだけ気持ちが研ぎ澄まされていくというのは、いろいろな力が働いていると考えざるを得ないわけです。

両方、どっちの年も戦力的に見たら京大の方が強いねん。圧倒的に。でも、関西学院が勝った。

これは、なんでやねん？

鳥内青年は、そう考えたわけや。

そこを紐解いていくと、関西学院の強さの理由が見えてくるんちゃうかなと思う。

その土台にあるのは、気持ちの準備。これが絶対に必要です。しっかりと一年間準備を重ねていけば、絶対に負けられないというプライドみたいなものが湧いてくる。

このプライド、それが関西学院の宝物やと思うね。

それが今でも続いてます。だから、先輩たちの話は今の学生たちにはようするよ。

さっき言った「涙の日生」と呼ばれる一九七七年の京大戦。「歴史が変わる」と言われて、マスコミもみんな、京大の味方や。それを学生に話をすんねん。

そんときの四年生の先輩たちの気持ち想像できるか？　自分らの代で甲子園ボウルの出場が途切れると考えただけで恐ろしい。三十何年間守ってきた関西学院の看板を守れるかどうか、それが試されとったんやで、と。

お前らが感じてるプレッシャーとは、ちゃう。桁違いやで。

しかも、高校ではフットボール未経験の一、二年生もおって、そういうメンバーが試合に出ていた。ゲーム前のロッカールームで泣いとった選手もおったらしい。なんでか考えてみ。ハンパないプレッシャーを感じてたからや。

しかも前半リードされた。でも、最後は先輩たち、勝ったんや。

なんでや？　みんな、諦めへんかった。分かる？　諦めへんかったら勝ったんやで。お前らのプレッシャーもすごい。でも、そのときのプレッシャーはもっとすごいで。負けたら看板に泥を塗ってしまうプレッシャー。イメージしてみ。

それを乗り越えてきたのが、お前らの先輩や。その仲間に加わるのか、ビビって終わってしまうのか、どっちを選ぶねん、と。

結構、いい話するやろ。つかみばかりやないねん。中身でも勝負できる男やで。

諦めない。それが関西学院の伝統です。

要はね、どんな状況になってもウチは諦めへんということです。それが関西学院やと。過去には、そういう経験をしてきた先輩がいっぱいおる。苦しいのはお前らだけちゃう。みんな、乗り越えて責任を果たしてきたいうことを今の学生にも伝えてます。

今も、そういう試合が毎年あんねん。二〇一八年のシーズンは、甲子園ボウル出場をかけた立命館との西日本代表決定戦で、先行されて、前半が終わって3対13。しかも立命館の二本目のタッチダウンは、インターセプトリターン・タッチダウンやった。

十一月十八日に行われたリーグ戦では、31対7で楽勝やったけど、代表決定戦ではそうは簡単にならへん。それは歴史を知っていれば分かることで、学生には「こういうことは起こり得るから、最後まで気持ちを切らさずにやってくれ」と話してた。それは試合前だけやなしに、それこそ一年中話してたよ。

だからこそ、選手たちはリードされても下を向かんとプレーしてくれた。第3クォーターには3－16までリードされていたのを、そこから10対16、10対19、17対19になって、最後の最後に三年生のキッカー、安藤亘祐がサヨナラフィールドゴールを決めて勝った。負けないフットボール。選手たちはやってくれたよ。

この試合を振り返っても、関西学院のプライドという財産は、どうにか伝えてこられたかなと思うてる。こういう経験談ができるというのは、関西学院の伝統の一つです。


フットボールに入り込めば入り込むほど、伝統の力を感じられるようになんねん。


ウチが逆転すると、マスコミは「関学の伝統の力」と書くやろ。あれ、ちゃうねん。伝統があるから頑張るのとは違う。もちろん、そういう先輩たちの話は体の中に染みついてるとは思うし、伝統のあるクラブでプレーをしているのは間違いない。でも、それはただ受け継いできたものではなくて、「現在そのもの」がそのまま伝統につながるんです。

つまり、現役の学生がどれだけ勝ちたいと思ってるか、その強さ、勝つためにどう準備するか、試合で劣勢になったときでも、諦めない。それが伝統にそのままつながるんです。

そやけど俺が思うのは、選手によって伝統の力を感じ取れる能力が違う気もすんねん。関西学院のフットボールにどっぷりと入り込んだ人間は、伝統の重みを普段から感じられるようになります。感じることができれば、それをつないでいく責任を自然と背負っていくようになる。

俺の経験でいえば、そこまで入り込んでる人間は、試合の流れを変えられるようなプレーをするようになるよ。

せやけど、入り込んでへん人間はあかん。うわべだけの軽い気持ちでやってる連中には、伝統の力は感じられへんし、力は降りてこない。責任を感じないうわべだけの選手は楽なもんよ。そういう連中は分かります。信頼できへんし、失敗しよる。

いろいろな人の思いがあればあるほど、力が湧いてくんねんな。

伝統というものは、不思議なもんやね。言葉にしようとしても、説明しきれへん。

俺のオヤジが甲子園ボウルに出てからずっと三十年以上、関西学院は甲子園に出てたわけやけど、惰性で勝てるほど甘い世界ではない。結局、学生スポーツいうのは、四年生を中心にして、自分たちの学年で日本一になりたいという情熱の積み重ねなんです。

戦力的に苦しいチームもいっぱいあったし、それでも勝ってきてるのはどういう要素が必要か、ということを理解したほうがええね。チームをつくるうえでは。

強い気持ち。いい準備。何度も言うてるけど、絶対に諦めない気持ち。その結果、ミラクルが起きる。

それとライバルがいるからこそ、力も出てくる。圧倒的に勝ってたら、かえっておもろないで。ライバルとしのぎを削ってきたからこそ、おもろいわけでね。

関西学院でフットボールをする魅力というのは、情熱をもって伝統の力を感じ、それをプレーで表現できることちゃうかな。もちろん、そのためには周りを説得したり、妥協したり、いろいろなことを経験せんとあかんけどね。でも、関西学院の力を感じられたら、それは永遠の自信になると思うよ。

ただ、それは重圧と付き合うことでもある。関西学院でプレーするいうのは、プレッシャーがかかる。それでも、伝統校でプレーするいうことは、重圧を力に変えるチャンスがあるということです。

正直な話、入り込んだ学生ほど、苦しいんです。入り込んで、しかも上級生になるほど苦しくなる。好きなフットボールやってるはずなのに、なんでこんな苦しいねんと思うときがある。俺もそうやった。でも、何のためにやってるかいうたら、最後の最後に訪れる一瞬のためにやってるわけです。

それでも人間やから、そこまで到達できない選手もいます。関西学院に入ってフットボールやってます、ユニフォームもろうてサイドラインにいます。そこまで来たら、誰だって試合に出たいねん。親にも晴れ姿を見せたいし、彼女がおったらいいところ見せたいわな。

自分が出たいというのは分かるよ。でも、分かってもらわなあかんのは、試合に出るのが目的になってもらっては、ウチのクラブでは困るということです。

ウチのユニフォームを着て満足する選手は困るねん。試合に出るいうのは、下手なプレーしたらあかんってことが分かってますか？　と。失敗してもええねんということではない。失敗したら、あかんねん。秋の本番ではね。

そういう心づもりで春の段階から準備せえへん限り、チームに貢献できへんよ、絶対に。だから面談では四年生にこう言うんです。

「試合に出たいんやったら、出られるようにやってください。出て失敗されたら困りますよ。その準備、できてますか？　できひんのやったら、出たいって言わんといてください」

そこまで言われたら、普通はやるわな。選手は頑張って、甲子園ボウルを目指す。お金をかけて育ててきた親御さんたちも甲子園に応援に行きたいよ、そりゃ。それに応援団やチアのみんなは、甲子園ボウルやライスボウルに出られるのを楽しみにしとんねん。それは全部、フットボールの結果次第。だから、みんなを連れてってやりたい思う。いや、連れてってあげなあかん。

そういう周りの思いも含め、いろいろな人の思いがあればあるほど、力が湧いてくんねんな。

一年間やってきたことが一つのプレーに集約される瞬間があるよ。

不思議なもんで、シーズンのすべてがほんまにワンプレーに凝縮する瞬間というものはあるんです。それを知ってるから、学生たちには口を酸っぱくして「試合のつもりで練習せなあかん」と言ってる。春の段階からね。

二〇一八年の立命館との西日本代表決定戦では、三年生のキッカー、安藤亘祐がフィールドゴールを決めて勝ったわけやけど、二〇一八年はたまたま安藤の右足にシーズンの成否がかかっただけのことですよ。

もしもそれが6点差だったら、タッチダウンを取らな負けるわけで、そういうシチュエーションになったら、クオーターバックのパスなのか、それともランニングバックを使ったランプレーなのか、それともワイドレシーバーのキャッチにかかってくるのか、役者は変わってきます。それだけやなく、オフェンスラインがしっかり動けるか、それ以前に攻撃権を取り返すために、守りきらなあかんシチュエーションだったら、ディフェンスの十一人がきちんと仕事せな勝てへんしね。

要は勝負を決めるプレーをグラウンドに出ている十一人全員ができるかどうか。そのために、春からどれだけ緊張感を持って練習してきたかが問われるわけです。

本当に誰に運命が託されるかは分からんよ。えげつない場面がくんねん。誰にいつ来るか分からへん。でも、そのワンプレーのために練習やそれまでの試合があるわけです。結局、想像力やと思う。自分のところにすべての責任がかかってくるその瞬間をイメージして、練習できるかどうかやね。

失敗したら負けてまう。そんなこと思うとったら、負けてまうよ。俺のところに持ってこい。そういう気持ちになれるかどうかが勝負を分ける。

勝ってる先輩たちいうのは、それをモノにしとんねん。なんぼどんくさいヤツかて、伝統や、そこから生み出された執念の力で勝ちきる。それを生み出すのは練習しかあらへん。おもろいもんで、練習ではいくらできてへんプレーでも、試合中に完成するシーンをいくらでも見てきました。何回も、何回も見てきたよ。

よく言われる言葉やけど、ゾーンに入るいうことは、そういうことかと思う。そこまで到達すると、勝ち負けとかどうでもよくなってくる。関係ないねん。そんなことよりも、「俺のプレーを見といてや」となる。

要は責任を背負ってはじめて、真剣勝負ができるんですよ。その責任が中途半端だと、いちばん肝心な試合、その中でも肝心な場面で神様はこっちを向いてくれへん。

見えない力、言葉にできない力ってあると思うよ。

腹くくれるくらいになれば、学生は自然と自信を持つし、「関西学院」という見えない力を感じるようになるんちゃうかな。

英語でも「見えない力」みたいな言葉があるよ。〝intangible〟いうんやけど、辞書で引くと、「触れることができない」とか、「実体のない」という意味で出てくる。それですよ、それ。

アメリカのスポーツってホームチームがめっちゃ優位やん。あれって、intangible という言葉で表されることがあんねん。ファンの声援、地元で負けられないというプライドみたいなのがプレーに影響するからね。

学生時代に、そこまで経験できたら、人生にとってすごい経験になると思うけどね。歴史を背負ったときに、そこで力を発揮できる人間になるのか、なれへんのか。それは自分の四年間、そして四年生になって最後の一年間の取り組み、準備で変わってくるんです。

ここまでのことならば俺は言える。クラブとしても最終的に優勝を目指しているけれども、ただし、勝ちだけは保証できへん。スポーツでは今までできなかったプレーが完成したとしても、負けることがあるから。でも、そういう経験をすることがいちばん大事やで。他のクラブではなかなか経験できひんことちゃうかな。

勝つ確率を高める努力はするけれども、勝ち負けはコントロールできないことです。それもまた、スポーツの一部ちゃうかな。

それでも、苦しいときはあったよ。

二〇一〇年代に入ってからは、どうにか安定した成績を残せてます。

今がええのは、二〇〇一年から二〇一〇年までの十年間があったからやと思うねん。この時期はたしかに苦しかったね。関西リーグの成績を見ると、同率優勝を含めて立命館が六回、ウチが五回の優勝。その十年だけを見ると、数では立命館に負けてます。

ノムさん、野村克也監督が「勝ちに不思議の勝ちあり。負けに不思議の負けなし」と言うてるけど、負けるには理由があんねん。一九九〇年代から二〇〇〇年代にかけて、関西学院はリクルーティングで後れをとってた。一九九〇年代からスポーツ推薦入試はありました。でも、最初は一学年三人やで。四年分で十二人。そんなんでチームつくれるかいな。スポーツは人材です。勝つためには、最低限このレベルで人材を集めないと勝てない、というラインがあります。負けて、「お前らの根性が足りひんからや」とか言うたって、それはお門違い。

今、「ライスボウル」が意味なくなってるやん。それは社会人が平日は仕事して、週末に集まって練習する時代じゃなくなって、トップのいくつかのチームに大学のオールスターが集中したうえに、そこに外国人が入ったもんやから、大学生では太刀打ちできるわけがない。そんなチームと、高校出たばっかりの一年生、二年生が一緒に試合やったら危ないで。レシーバーとディフェンスバックは特に危険。向こうがスピード乗ってきたら、ものすごい衝撃を受ける。

今のライスボウルは試合が成立しない状態です。それは学生の安全を守る立場からも言っておきたいことです。

二〇〇〇年代は、今の社会人に対してと同じような差が開いたとまでは言わへんけど、立命館とは四分六分どころか、三対七、ひょっとしたら二対八くらいまで力量差があったと思う。

そのときはコーチの数が少なかったし、高校生の試合を見に行く時間もなかなかなくてね。リクルーティングで完全に後手に回ってた。でも、関西学院のフットボールとしては、負けを受け入れるわけにはいかない。そうは言うても、選手の成長やコーチングだけで埋めるのは無理で、やはりそこは大学との連携を図る必要があったわけです。

だから、勝敗はグラウンドだけではなく、大学の本気度も試されるということですよ。


今も申し訳ないと思う学年があんねん。


このところ優勝争いを続けてるけど、監督として申し訳ないと思うのは、二〇〇六年に卒業していった学年です。関西学院のフットボールの歴史上、一度も甲子園を経験したことのない学年いうのは、なかった。

でも、二〇〇二年に入学してきた選手たちは、四年間、甲子園には出してやることができなかった。ほんまにかわいそうやってん。こう話しとっても、申し訳なくてね。

二〇〇五年のシーズンが始まるときに、立命館に三年間やられ続けて、絶対に勝たなアカンという空気があった。でも立命館との最終戦では選手に力を発揮させてやれんかった。それ思い出すと、申し訳なかった思うねん。プレッシャーがあったんやろうと思う。それを取り除いてやれなくてね。

コーチいうのは、重圧から解放させて、自由にプレーさせるのが仕事なんやけど、それができなかった。試合になったら「なんでこんな簡単な失敗すんねん？」というプレーが出て、それが負の連鎖を生んでいく。負けパターンにハマってしまってね。

不思議なもんで、そういうときは練習ではできてたことが急にできひんようになる。普段通りやったらええのに、誰かがミスをすると、それをカバーしようと「俺が頑張らなあかん」と思って、いつもよりちょっと力が入る。その頑張った分がミスになるんです。コントロールできなくなるから。

この学年を思い出すと、スポーツいうのはつくづく気持ちのコントロールが大切だということを思いますね。普段の練習から緊張感を持ってやってこそ、平常心でプレーできるわけで。試合でテンションが上がってしもうたら平常心ちゃうからな。

選手には、勝ち負けを考えずにプレーできるようにコーチがもっていかなあかん。

だから、この学年のことが、今の関西学院には生きてる。本人たちはつらかったかもしれへんけど、後輩たちの財産になってるいうことは伝えておきたいね。

関西はライバルがおもろいねん。

関西はそれぞれの学校の色合いが、フットボールに反映されるのがおもろいところやと思うよ。そこが関東と違うところかもしれんね。

俺が思うに、フットボールに限らず、スポーツをやる面白さいうのは、ギリギリの状況で最高のプレーをして勝つことやと思う。

弱い相手にボコっても仕方ないねん。

力量を比較したら五分五分、四分六分の相手に挑んで勝つのが面白いんや。

フットボールはね、チームの勝敗で白黒がつくわけやけど、実はその裏には個人と個人の勝負があるわけです。まずは、目の前の局地戦で勝たないことには、チームが勝てるわけがない。基本として、相手を倒す覚悟、技術、フィジカルがないとあかん。

関西ではどこかの学校と常にしのぎを削ってきたわけです。

俺らのときは、京大です。京都大学。一九七〇年代から強くなってきて、一九八〇年代に入ると、「京大が関西学院を抜く」と言われ始めた時期でね。俺が四年のときに勝った話はしたけど、まさか翌年の一九八二年に負けるとは思ってなかったからね。

でも、油断しとったんや。当時はメールがないから手紙をもらってたけど、「今年も京大には勝てます」みたいな文言が書いてあって、「これは危ない」と思うてた。そしたら、負けた。

この頃から、有利とされた方が負けるということが定着したね。これは立命館も一緒。だから、「自分たちは挑戦者」というマインドを持たせなあかん。一年間かけてね。ビッグゲームの前だけに言うても効果ないよ。だから、シーズンが始まるときにきちんとしたビジョンを持って、何が必要なのかを繰り返し、繰り返し、話していくしかない。それでも人は油断するからね。言い方を変えつつ、学生の頭の中に刷り込ませなあかんから、ときには「カミナリ作戦」も必要になるよね。でも、怒ってばっかりいたら効果もなくなる。いろいろな表現方法があるけど、すべてはタイミングやね。

ウチはハイカラな学校と思われがちやけど、そのあたりは泥臭いと思うで。

スクールカラーの話でいえば、京大はそれが不思議な形で表現されんねん。いつやったか、俺がまだコーチのときかな。西宮スタジアムに入ってってたら、丸刈りの京大の学生が関係者入口のところに立って、俺らにメンチ切りよる。後で聞いたら、人相の悪い学生が「睨み係」として任命されたらしい。そんな係がどの世界にあんねん。そんなことやっても無駄やと思うけどね。笑ったよ、ほんま。だから、ニコーッとして飛びきりの笑顔を返しといたわ。

それと、ウチが先か京大が先か知らんけど、四年生がずっと丸刈りにしとるやろ。俺は嫌やねん、丸刈り。品がない。俺も学生の頃はしとったけど、競技力に関係ないで。

二〇一九年のチームでは、春の明治戦で最後の最後、「ヘイルメリー」（負けているチームが、最後のプレーでエンドゾーンにロングパスを投げ込むこと。「頼むぞ！」という願いを込めていることから、アメリカでヘイルメリーと呼ばれる）を決められて負けて、そしたら四年生の連中が丸刈りにしたんや。そしたらな、このシーズンは女性主務になってって、その主務が「私もやる」って言い出したらしいわ。やめてくださいですよ、ほんまに。最終的には、めっちゃ刈り上げて短くしとっとわ。

今も強制いうことはまったくなくて、やりたいヤツがやりよる。まあ、百歩譲って丸刈りもええよ。でもね、五厘刈りはあかん。五厘刈りが並ぶ前で話してみい。眩しくてかなわんで。

関西学院がこれくらいの短さやから、京大は京大でもっと短く刈り込んでくる。何を競っとるのかという話や。意味ないよ。そのうち眉を剃るヤツまで出てきよった。アホちゃうかってなもんで、そんなことで争っとるから、試合前にいざこざが起きよった。

今は主将・副将だけがフィールド真ん中に出てきて試合前のセレモニーをやってるんです。昔は全員がフィールド中央に向かい合って並んでた。すれ違いながらお互い頑張ろうと挨拶をかわすのが主目的やったんやけど、そのうち一触即発のような雰囲気になってきたから。メンチの切り合い。どんな世界やねん。

京大は俺が現役のときから不思議やったね、振り返れば。俺が四年生のときに、ウチは学生服からブレザーになったんです。たぶん、関西ではウチがいちばん最初にブレザーを導入したんちゃうかな。でも、京大はぶかぶかのスウェット履いて、雪駄を履いたまま阪急電車で四条河原町から西宮まで来とったで。京大は格好は気にせんからね。監督の水野彌一さんを筆頭に。ときどき不思議な格好を見せて、俺らの気をそらす作戦なんちゃうか？　と思うたこともあったよ。

それでも昔、水野監督が言ってた。京大はストイックにやるしかないって。そういうアプローチもあるわけです、フットボールには。

今でも、鍛えてくださいって京大に来る学生がおるらしいよ。ああいうカラーに憧れる選手いうのは、どんな時代になっても、一定数はおるんやろね。

立命館は、いち早くアメリカ型の強化に舵を切ったよね。郊外型のキャンパスに立派な設備をつくって、積極的にリクルートをしていく。いい人材が、どんどん鍛えられて、一時期はウチの手が届かないところまで行きよった。

それはウチに勝つために、大学をあげてフットボールを強化したということだと思います。立命館がレベルを上げて、それにまたウチが追いつこうとする。だからこそ、ライバル関係というものが必要なんです。

ほんま、二〇〇〇年代に立命館にやられたことが、今のウチのフットボールにつながってます。

関西学院は、フットボールだけの学校ちゃうで。

俺がね、ウチの学生に言うてるのは、「周りの学生から応援されるようにしなさい」ということです。

フットボールばかりしとって、授業にぜんぜん出てへんかったら、クラスに友だちもいない。それやったら、プロと一緒やん。自分が興味のある分野を見つけて、頭を使って学ぶ。それで周りとコミュニケーションをとるのが大学のいいところやで。ゼミが一緒の子が応援に来てくれたら、頑張ろうと思うしね。そういう仲間をどんどん増やしなさいと。

大学はフットボールだけをする場所じゃないよ。教室があって、先生がおって、同世代の仲間がおる。そのなかにクラブ活動がある。

俺がモデルにしたいと思うのは、やっぱりアメリカのアイビーリーグです。ウチはプリンストン大学と交流があんねんけど、アイビーリーグでは、「アスレティック・スカラシップ」、いわゆるスポーツ奨学金（事実上の授業料免除）はないのに、学生の20％以上が体育会に入っている（州立大などではおよそ3％。関西学院は約10％）。アイビーリーグの大学で学んでるのは賢い学生だから、将来は実業家になったり、なかには政治家になったりする人材もいる。大学の考え方としては、机上の勉強だけではリーダーシップはとられへん。だから、運動もやりなさいと奨励してると言うとった。

スポーツでしか磨かれへんリーダーシップがある。それを大学の経営陣が認めてるんです。こういう発想、日本の大学が持っているのか？　という話です。そういう価値を大学が認めれば、学生は勉強も一生懸命やるし、スポーツにも真剣に取り組むよね。

だからこそ、ウチのコーチングスタッフは学生の成績にはすべて目を通してます。俺も全員分、見てるよ。だからこそ、なんべんも言うてるけど、一年生のうちは大学生活、大学フットボールへの適応が必要なので、しっかりと単位をとって、フットボール以外の友だちをつくって、トレーニングルームでは筋力をアップさせてください、と伝えてるわけです。

そうして四年間フットボールに打ち込んで、卒業してからは、自分が好きなことで頑張ればいいよ。

ウチは毎年イヤーブックをつくってるけど、卒業生が登場してきてな、医者や弁護士やら、社長やってる人間がぎょうさんおるわけです。現役の学生には、グラウンドで修羅場をくぐってきた先輩たちを見て、将来、自分はどんな男になんねん？　と自問自答して欲しいね。こんな先輩がおるんやったら、俺もやったろうと。

卒業してもフットボールを続ける人間もいる。フットボールをやらんかったとしても、関西学院の卒業生としてプライドを持って仕事をして欲しい。

それができるようになるのも、四年間、フットボールと真剣に向き合ってたからとちゃうかな。

第七章 自分の不安を受け入れる、それが大切

ライバルに勝つためには、戦術研究だけではあかんよ。人間を研究せな。

京大、立命館。俺が現役のときは近大も強かったし、関大が絡んでくることもあった。どうでもええねんけど、俺は学生時代は近大の連中とよう飲みに行ってたわ。最近の学生は、他の大学と遊びに行ったりせんのとちゃう？　そういうのも必要やと思うけどね。

いつの時代もライバルの研究は欠かせないけれども、相手の戦術や作戦ばっかり読んでてもおもろないで。人間や。どんな人間が、どんな戦略を立てるか、それを読まないことにはおもろない。

京大は年間計画がしっかり立てられてて、京大らしい戦略がある。実はね、京大は力で押してくるタイプ。結構、大きいねん。地方ですくすく育って、勉強できる大きい子が入ってくんねんな。

せやけど、われわれからしたら、国立大学の京都大学に負けるのは恥ずかしいで。勉強で負けて、スポーツでも負けたら恥ずかしい。そう思わん？　そういう気持ちはあるで。でも、勉強では負けてます。それは認めます。ノーベル賞、あんなに出せません。

最後は男の意地です。プライドです。

立命館はね、関関同立というくくりがあるように、学校同士もライバルやから、そりゃ負けられへんよ。

立命館が強いときは、大きさよりも運動能力です。ここでやられる。とにかく速かったからね。いい選手をリクルーティングして、立命館なりの方法で鍛えてたね。前の章でも書いたけど、ゲームのなかだけやなしに、リクルーティングを含めたマネージメントを整備せんと立命館には太刀打ちできないところまでいった。二〇〇〇年代、立命館が関西学生フットボールのレベルを上げたのは間違いない。

関西学院はというと、歴史のあるチームや。日本のフットボール界を背負ってきたという自負もあります。それを一人ひとりの選手が持ったら、そりゃ頑張るで。ただし、戦力的に見た場合、歴史的には、大きさでも運動能力でも、ちょっとずつ劣ってんねん。特にサイズではずっと負けてるね。二〇〇二年にライスボウルで勝ったときは、フットボールは未経験やねんけど、デカいのが三人くらい入ってきて、それで勝てた。サイズは偉大。それを無視したらあかんね。

ライバルがあってこそ、フットボールは面白いねん。関東はそのあたりの歴史が薄いのかな、と思う。どこかが強いにしても、ずっと一強になってしまう傾向があるんです。昔だと、日大。最近は法政、早稲田やったけど、なかなか拮抗しない。たとえば、早稲田のオフェンスが強いのなら、それを超えるディフェンスをつくろうと頑張る学校が出てくれば、関東のレベルもすぐ上がると思うよ。でも、なかなかそうはならないみたいやね。

ビッグゲームに向けての準備はね、他の試合と変わらへんよ。

ビッグゲームまで一週間を切ったとしても特別なことはやりません。それまでと同じように粛々と準備を進めていくだけやね。

学生はそうはいかない。京大、立命館、関関戦なんかだと、試合の一週間前から選手たちの雰囲気が変わってきます。不安に思う選手も出てくるよ。「自分はできへんかも分からん……」と心配になるねんな。

不安になっても、毎日毎日、自分のやることだけを考えていけばゲームでも成功するで、と。先輩たちもその不安と戦ってきて、成功してきたんやと。そこで「もうあかん。無理や」と思って諦めたら失敗してしまうからね。

面白いもんで、練習でもできひんかったことが、ゲーム中にできた先輩もおった。そういうこともあるねんと学生には言います。

それも先輩たちは、ずっとそのプレーのことを考えてたからや、と。


試合前夜。学生には不安を認めて、受け入れようと話します。


スポーツはなんでもそうやけど、試合当日で勝負が決まるのやなしに、一年間かけて準備をするものです。もちろん、ゲームデイでまずいことしたらあかんけどね。

ゲームデイに何か特別なことをするかというと、そんな意識はないし、ルーティンなんかあらへんがな。

ただ、ビッグゲームの前には先祖の墓参りには行ってます。ビッグゲームの前日は練習にも顔出さないよ。前日は確認だけやから、俺が行く必要はどこにもないよ。ウチのお墓は京都の宇治にあんねんけど、そこに行きます。

お墓の前では、手を合わせながら、こう話します。明日、大事な試合があります。見ててくださいよ、と。

勝たせてくださいなんて、そんなんナンセンスや。ご先祖様にお願いして勝てるんやったら、毎日、グラウンドに行かずに墓参りしとるわ。そやろ？　これまで学生が頑張ってきた成果を見ていてください。そんな気持ちやね。

墓参りを終えたら、ビッグゲームの前は四年生と一緒にホテルに泊まることにしてるから、そこでいろいろと話すよ。四年生が輪になってる前で話すんやけど、こんなことを言います。

今の素直な気持ち、ビッグゲームを前にしてしんどいわな。不安やな。それをハッキリ言うたらええねん、認めたらええねん。自分だけちゃう。みんなしんどい。それを共有せい。どうなるか分からへん。でも、関西学院の先輩たちもみんな苦しんで、朝起きたら、腹くくって試合に行った。

ただ、試合で絶対にやったらあかんことだけは、お互いに言うとけ。自分が試合に出る、出ないは関係ない。やってはいけないこと、それを言わなかったせいで負けたら、損やん。

そんなことを学生たちには話します。

で、試合当日はだいたいキックオフの三時間前に会場に入るようにバスで向かいます。会場に着く前のバスの中で校歌を歌うのが、ルーティンといえば、ルーティンなんかな。そして、部歌の「Fight on, Kwansei」を試合前にグラウンドで歌います。こんな歌詞です。

Fight on, fight on, for dear old Kwansei,
We'll win for our ALMA MATER grand.
Fight on, fight on, for dear old Kwansei,
For her we'll take our stand.
Fight hard so we will win the game,
Fight clean and be proud of the victor's name.
We'll fight on, fight on, for dear old Kwansei,
The best school in the land.

関西学院でフットボールをやった連中は、この歌には思い入れがようあるやろね。俺も四年生のときの京大戦で泣いたくらいやから。

最後の最後、試合前には何もごちゃごちゃ言う必要はないよ。言うとしたら、勝ち負けを考えたらプレーできひんで、と。もうここまで来たら、そんなんどうでもええ。自分のやることをやってください。負けたら俺の責任やから。それくらいです。

昔はね、これでも試合前になるとドキドキしたけどね。今は、淡々としたもんです。余裕や。

でも、どんだけ準備しても負けることがあんねん。それは前の晩にも、学生には言うてるよ。負けることもあり得ると、受け入れなあかん。そのことからは逃げられへん。負けるのが嫌や、嫌やと思ってたら、ほんまに負ける。負けることがあり得るというのを受け入れなあかんねん。

結局、雑念が入ってくると負けるんやな。無心でプレーに臨めるように、プレーのどこにフォーカスするか、それを念入りに準備しとかなあかん。

シーズンが決まるワンプレーってほんまにくるよ、と。自分のところに。それに向けて最後の準備をしときなさいということだけやね。

メンタルトレーニングって、必要なんかな?

スポーツは、心の問題も大きく左右します。いらない雑念が入ったらもう負けや。ほんまはスポーツは楽しいはずで、きちんと準備しとけば、自分が勝負を決められる場面がきたら、楽しいはずやで。

だからね、俺はメンタルトレーニングって特別必要やと思ったことないねん。なんか知らんけどめっちゃ追い込まれて、しんどそうな顔してる選手がたくさんおるやん。野球だったら、満塁のピンチを迎えたピッチャーが困った顔しとる。大丈夫か? と思ってしまうよね。バッターでもここで打てへんかったらどないしよう? そんな顔しとったら、打てへんで。やっぱり、「ここで見といてや」とならん限り、いいパフォーマンスは発揮できないんちゃう?

それに、リードしてるのに、ビビってしまう選手やチームも多い。ウチは、それで勝たせてもろうてますけど。

気持ちはたかぶるけど、それをコントロールすることが大切なわけで、リードしているのに追いつめられるって不思議やと思わん？

何事も、前もって考えて準備しておけばいいだけや、と。前もって考えてへんからリードしているのにミスしたり、反則したりすんねん。勝ってるのに。普段の練習から追い込んでやっとったら、落ち着いてできるはずやで。

それはコーチにも言えることです。逃げきるときも、勝負せなあかんねん。

二〇一三年一月三日に行われたライスボウルで、終盤に逆転して15対14でオービックに勝ってたのに、サヨナラ負けした。そのときも攻めどきに間違いが起きたんです。攻撃が一回ファーストダウンを取るために勝負をしにいかないとあかんかった。

間違いが起きたとき、俺はヘッドホンを変えとってん。オフェンス用とディフェンス用を昔は切り替えてたからね。そのちょっとした間に、俺の意図がコーチに伝わらんかった。攻めろ、いうことが。そういうことがあって、チャンネルを手元で切り替えられるようになったんや。落ち着いて試合の流れを読んで、適切な判断を下せれば、負けない。結局、自分らで流れを崩してるだけなんです。自滅や。

だから今の学生には、ライスボウルでそういうことがあったから、勝ってるときでも学生たちがしっかりと考えなあかんで、と話してます。

コーチも落ち着かなあかんけどね。

ビッグゲームで、自分の気持ちをコントロールできるかどうかやね。

自分はメンタルトレーニングいうのは勉強してないし、よう分からんけど、俺の考えでは練習の段階から試合をイメージしていけば、しっかり準備できると思うけどね。

何度か話してるけど、二〇一八年の立命館との西日本代表決定戦では、追いかける展開になったけど、それは言うてた通りやろ、と。想定内。ぜんぜん問題ない。そう言えるのも、春の段階からそういう場面がくるというのがイメージできてたからです。

追いかける場面になったときでも焦らず、イメージ通りにプレーに集中しとったら、結果はついてくる。ただし、そのイメージを怠った選手、練習で追い込んでない選手には、お前のせいで負けるでと常々言うてます。

怖いのは、監督、コーチも含めて、誰のところに勝負どころのプレーがくるのか分からんちゅうことやね。

立命館の試合でも、最後の場面に至るまで勝負どころがいっぱいあった。たとえば、クオーターバック奥野耕世のパス。レシーバーも勝負強かったし、全部うまいこと乗り切った。最後はキッカーの手柄に見えるけど、そこまでのプロセスやな。

最後の最後は、相手とちゃうねん。自分や。

スポーツはなんでもそうや思うけど、フットボールにも流れがある。負けてたとしても、こっちがじっくりと追いかけていけば、相手の方が勝ってるのに、どこかおかしくなってくるねん。いらん反則を犯したりね。もちろん、逆の立場のときもあるけど。

せやから、勝つときは自分の力が十分に発揮できたのもあるけど、相手が勝手にこけていくときもあるねん。だから、勝った方からすると、不思議やな、ということになる。ノムさんが言うてるのは、そういうことや思うで。

ここのところ、負けにくいチームはつくれてるのとちゃうかな。学生たち、よう頑張っとるよ。

それでね、負けたときはたいがい自分たちの力を発揮できなかったときなんです。それはなんでやねんと考えていくと、やっぱり気持ちのコントロールができてへんことが多い。ビビッてしまう。欲が出てしまう。あるいは、いいときのイメージを引きずりすぎていたりとか。いろいろな負の感情がコントロールできなくなるんです。

それに、ビッグゲームだからいうて気合いを入れまくったら、かえっておかしくなるときもあるよ。気合いを入れれば勝てるなんて、そんな単純な話なわけがない。気合いがめっちゃ入って、それで圧倒できるかいうたら、そんなんで48分間戦えるわけないから。この競技は。

そりゃ、気持ちは大切よ。ただ、そればかりが強調されても困るということです。きちんと試合に向かって準備をして、ワンプレー、ワンプレーの完成度を高めていったチームが最後に勝つんです。

むしろ、日本よりもアメリカのカレッジフットボールのほうが気合いを重視してるかもしれないね。試合前には「ペップトーク」といって、威勢のいい演説をヘッドコーチがしたりする。特に若いコーチはそうなりがち。

それはそれで効果的だとは思う。なぜかというと、アメリカでは毎週のように試合があって、完成度を高める時間がなかなかないから。足りない部分をペップトークとか、精神的なもので補ってる感じはする。気持ちが入った大男たちは、それなりに仕事しよるから。

俺は無理矢理そんなことはせえへんよ。むしろ、静かなほうだと思う。

今、現実はどうなってんねん、と。俺らはここに何しに来てんねん。何をやろうとしているか、忘れんといてください。テンションを上げるのはかまわんけど、練習と違うことやったらダメやで。スタジアムに、はしゃぐために来たわけではないし、まさか、スタジアムに泣きに来たわけやないやろな、と。自分のやること忘れんように、ちゃんと考えといてや、と話します。

試合前に泣くのは、一長一短あるね。

泣くのは、どうなんかね。俺は四年のときに泣いて、すごくいい状態になった。だから、泣くのはかまへん。要はその後、自分のやるべきことをきちんと整理できてるならね、と学生には話します。でも、泣いて気持ちが入りすぎて、自分のプレーができひんようになって、それで負けてしまった先輩たちもおるよ、という経験を話します。

こういう話をすると、学生たちは少し落ち着いてくれるんちゃうかな。もし劣勢になっても慌てないで、最後まで諦めない気持ちにはなれるでしょう。

ただし、ビッグゲームになればなるほど、自分たちでコントロールできひんことが増えてくる。これが問題や。テレビ中継が入ると、いつもの時間の流れが変わることがあるんです。

「ファイトオン」を歌って、いい感じでテンションが上がったのに、サイドラインで並んだまま待たされることがあると、かえってイライラしてきてね。一度、俺がイラっとしたことがあったんよ。それで放送局の人に質問したら、試合が始まるのはまだ先だと。イライラして負の方向に感情がいくのはダメやと思って、「ここで冷静になろうや」と話したことがあったね。そのままだとテンションが低くなって、試合にいい状態で入れなくなると思ったんです。

ライスボウルもいろいろと段取りがあるから、試合前の気持ちづくりが難しかったりする。そのあたりも経験が重要になるね。

現場でシナリオをいじりながら、新しいストーリーをつくるのがコーチやね。

試合が始まる。学生の場合だと、48分間。フットボールいうのはプレーが止まる機会が多いから、コーチの意向が他のスポーツに比べて反映されやすい。ヘッドセットつけて、指示も出せるしね。

俺が思うに、フットボールのコーチというのは、脚本家みたいなもんです。

現代フットボールで、コーチ陣がどれくらいのプレーを準備するかというと、シーズン終盤の十二月までには１００は準備しとるんちゃうかな。俺、よう知らんねん。毎試合、攻守それぞれで50から60はプレーコールをするから、トータルではそれくらい準備してると思うよ。

それで試合が始まって、第1Qの入りからいろいろとシナリオを考えて、軌道修正しながら勝つシナリオを書いていく。そのなかには悲観的な筋書きも含まれてるよ。当然、試合には不確定要素があるから、筋書き通りに運ばへんときもある。コーチ陣の力量が問われるのはそういう場面に遭遇したときやね。

そこでどうすんねん、と。試合前のプランにこだわらず、臨機応変に対応することが必要になるんやけど、その引き出しを前もってどこまで考えているかが勝負になります。試合前に考えてへんかったら、なんもできひんよ。引き出しをぎょうさん持っておかないと損やし、その引き出しをつくる手間を惜しんではいけません。

ただし、考えたところで学生に落とし込む時間もつくらなあかん。二〇一九年のシーズンは日程がギュッと詰まってるから、秋に仕込むことが難しい。そこでオフェンス・コーディネーターの大村和輝が、学生に考えるように春から促してた。秋になって急に話し合ってもかみ合わなくなるし、学生が考えるベースを上げておけば、いくらか対応しやすくなるいうことです。

要は、一年かけてシナリオをつくっていくいうことです。

関西学院のフットボールが面白いのは、学生に任せてる部分が多いこととちゃうかな。二〇一九年の春は三年生のクオーターバックの奥野がデザインしたプレーをやっとったけど、自分が試合に出ながらプレーをコールするのはしんどい言うんで、「これこれこういうシチュエーションになったら、これをコールしてください」とコーチに言ってたよ。自分がサイドラインに下がったときは、コールしとったけどね。

これだけの自由が与えられとったら、やりがいがあってええと思うけどね。フットボールいうたら、指令出されてロボットのように動くだけと思うてる人もおるけど、そんなんいつの話や。ロボットもＡＩになって、情報収集して自分で判断してますよ。指示待ち人間やったら、ＡＩ以下に成り下がるで。

俺はコーチたちのやり取りをヘッドセットで聞いとるだけ。フォースダウンのシチュエーションになって、ギャンブルするか、パントにするか、フィールドゴールにするかは決めるけどね。今や試合中の俺の仕事はそんな程度やで。

ディフェンスはね、リアクション芸なんです。どっちかというと、ツッコミ役。

それじゃ、ディフェンスの極意を少しだけ話そうかな。

オフェンスはいうまでもなく計画性が重要です。春からプランを練っていって試し、シーズンで成功する確率を高めていくということです。これは時間をかけていけば、ある程度の成果を見込めます。

じゃあ、ディフェンスはどうやねん。

俺はディフェンス出身だからいろいろ考えるけど、結局、守備いうのはリアクション芸なんです。相手の動きを見ながら対処していく。漫才でいうと、ツッコミや。ツッコミはね、経験が必要です。漫才もフットボールも同じやねん。

ディフェンスの考え方は、いたってシンプル。プレーが動き出したら、「やられる前に、止める」。そこに尽きる。抜かれてからでは遅くて、それまでに止めなあかん。

なかには、こんなことを言うラインバッカーとかもおんねん。

「俺たちが絶対に抜かせないんで、大丈夫です！」

お前はアホか、と思うよ。抜かれることは絶対にあるんやから、それを想定してセカンダリー（セーフティーやコーナーバックといった、後方に控えるディフェンス）の選手たちは練習しとかなあかんのに、無責任なこと言うてる。ディフェンスはポジティブになったらあかん。もっと心配せい、と言いたいよ、まったく。

俺は悲観的に準備するよ。

俺は最悪のことを想定して試合の準備をしとるよ。準備してるから、お前らが抜かれたとしてもセカンダリーがリカバリーできるねんとラインバッカーには言うとる。抜かれたときにどうするか想定して練習するのは当たり前やろ。すぐに得点に直結するんやから。

専門的になんねんけど、仲間と連携しながら相手をスローダウンさせるようにもっていく練習とかもずっとしてるわけ。そうすれば、味方がリカバリーに戻ってくる時間を稼げるし、リスクを減らせます。あかんヤツほど、ひとりで止めようとする。気持ちでは止まりませんよ、ということです。

そしてサイドライン際に追い込んでいけばいい。サイドラインほど、最高のタックラーはおらんで。人より強い。踏んだらプレーがそこで止まるんやから。自分で止められへんかったら、サイドラインの力を借りればええねん。だから相手を縦ではなく、横に走らせるように持っていく。それを練習段階からやっておけば、試合で対処できます。

おい、ラインバッカー、そこまで考えて練習せえということです。だからね、ディフェンスの練習いうのはなかなか難しいものです。リアクション芸やから、すべてのパターンを想定して練習することは不可能。だから、相手の分析をして、自分たちが連携してどう動くか、約束事を決めていくのが大事やね。

目が大切やねん。

ディフェンスで大切なのは、「目を慣らす」ことやね。

相手のプレーを瞬間的に、できるだけ早いタイミングで見破ったら勝ち。それだけ。一瞬早いことが、相手がデザインしたプレーを止めることにつながるから。

ただ、フットボールの面白いのは、「騙し合い」いうことです。表のプレーがあれば、裏のプレーもある。さっき止めたプレーと同じフォーメーションから同じアクション（動き）をしてきた。そこから、まったく違うプレーを繰り出してくるなんてことは日常茶飯事や。

ディフェンスのおもろいところは、裏のプレーまで見破れるようになるところです。

そこで必要なのが、目を慣らすいうことなんです。相手のプレーが始まった瞬間に、誰と誰が動き始めたということが見えて、その瞬間に、相手がどう来るのか判断できるのがいい選手です。たとえば、相手の陣形や動き出しを総合的に判断して、プレーアクション（相手にランプレーだと錯覚させてパスを行うプレー）に騙されない選手はおるよ。

どうやったら、その判断力を磨けるのか。

練習でいろいろなシチュエーションを見る。フィルムスタディも大事。それなりに経験を積んでいくことでリアクションタイムを短縮できるよね。

信じられない「目」を持ったヤツがおるよ。

あとね、なかには右目と左目を使い分けてるんちゃうか？　というくらい「目がすごい」選手がときどきおんねん。人間には利き目があるけど、どうしても両目でフォーカスを合わせてしまうようになってます。それは子どもの頃からそういう風に使ってきてるからね。でも、右目で右サイド、左目で左サイドを見られるようになる選手がおんねん。これ、ほんまに。

これはね、俺は本当は誰でも使えると思うてんねん。この使い方、目のセンサーは誰でも持ってるし、実は日常でも使うてると思う。たとえば、チャリンコに乗ってて、交差点に差しかかったとするやろ。右からヒョウ柄の服を着たおばちゃんが出てきて、左からは白い自動車が出てきたって、みんな視覚情報としてインプットして、それで判断しとるやろ。両目で情報を判断してるんです。

日常生活では普通にできてることが、どうしてフットボールになったらできひんのですか？　と質問しとるよ。

おそらくね、フットボールになると、かえって視野が狭くなんねん。気持ちが入りすぎてるからとか、経験が浅いからとか、自信がないからとか、いろいろと理由はあるけどね。そういう使い方をしてない。両目で全体を見つつ、くさいところにセンサーを働かせるわけや。

だから俺は、毎日生きてるように、普段通りやってくださいって言うてるよ。自分から見ようとせんでええ。すでに見えてるんやから。人間、見てないようで、見てるんですよ。それをそのまま試合でやったらええ。ディフェンスの選手やったら、相手のレシーバーが視界の端を通り過ぎるのが見えて、パスコースに向かって走ってるな、と感じたら、それに対してリアクションすればいい、と。

俺が言うてるのは、日常生活からそういうことを考えておかな、選手として損やでということです。

ビッグゲームで、ビッグプレーを決める選手がおるよね。それができる選手いうのは、そうした視覚的なセンスを日常から磨いとる選手やと思う。身体能力、経験、考える力、電車やキャンパスで見える光景をすべて力に変えてるんちゃうかな。

あと、段取り力ね。これが終わったら、次は何をするのか、練習でも、試合でも先が見えとる。つまり、情報を入手して、それを処理する能力が速い。それをプレーに移すには身体能力や神経系統の力も必要になってくるけどね。

こういう力はなかなか数値化できないけれども、人間にはそういう能力があるということをコーチは知っとかなあかんね。

作戦にイチかバチかはないよ。

　これだけいろいろ考えてても、相手も考えよるからね。試合では劣勢に立たされる場合もあるわけです。そんなとき、サイドラインでもリスクを背負って大胆なプレーを繰り出さないといけない場面が出てきます。

　今ではライスボウルで社会人相手に戦っても危ないだけやけど、以前はいろいろなプレーを仕込んで流れを引き寄せたときがあったよ。

　二〇一八年の立命館との代表決定戦でもあったな。自陣からのフェイクパント。ペナルティで罰退をくらった後にコールしたけど、相手からすればフォースダウン・ロングになって、ここではさすがにフェイクパントはないやろうと、常識的にはそう思うわな。

　そういうときはチャンスでもある。

　立命館戦ではうまいことといってファーストダウンを更新したわけやけど、本当ならタッチダウンまで持っていって欲しかったプレーやった。なぜなら、リスクを背負ってコールするわけやから、その分、実入りも見合ったものにせんとダメよ。俺は貪欲やから（笑）。選手には、「コールされても、ドキドキせんといてやって」と言うてあります。前もって春の段階から、そういうシチュエーションになったらやるからと言ってるんやけど、いざとなるとビビるヤツもおる。野球のスクイズと同じやろね。ドキドキせんと、普段通りのプレーをしてください、ということです。ウチの選手にとってみれば、「えっ？　こんなところでやんの？」という感覚はないでしょう。ドキドキせんと、きっと楽しんでやってくれたんちゃうかと思います。

こういうのを考えるのがフットボールの醍醐味やねん。関西の学生フットボールには、毎年毎年いろんなドラマがあるからね。ウチだけやなしに、立命館、京大、関大にもそれぞれの歴史があって、プライドもある。不思議なもので、強いと言われてるほうがいつも負けてるわ。ウチも強い言われてるときほど負けてる。

相手が強いからおもろい。強い相手がおるから頑張れるわけです。相手が弱すぎたら、工夫のしようもないからおもろないよ。

強い相手には正攻法だけでは勝てません。毎回毎回、オフェンスでタッチダウンをとれるわけではないからね。相手のディフェンスが強かったら、少ないチャンスを点に結び付けなあかん。だからこそ、フェイクパントやら、いろいろ考えるわけです。

でも、奇策に見えるかもしれへんけど、ギャンブルやないんです。イチかバチかはないよ。作戦やねんから。

最終的には見守るのが仕事やね。

監督の仕事というのは、あれこれいろいろ準備して、最後の最後にネジを巻くことだけ。十月くらいになってきたら、「この一か月で勝負が決まるんやったら、頑張れるやろ。俺のためちゃう。お前ら、勝ちたないの？　四年生は、後輩のためにも勝たせたいと思うわな。甲子園見せたいわな。そう思うんやったら、頑張りや。今年終わってまうで」と問いかけるだけですよ。

やれることをやってれば、後は試合を見守るだけ。人が緊張するような場面になっても、もう慣れたわ。ちゃんとプレーしてください。それだけ。だって、ちゃんとやっとったら、うまくいくのは分かってるから。最後の1秒で試合が決まる。そのためにやってきたんやろ、と。それだけの練習はしてきたはずや。後は自分の仕事をしてくださいそれだけやね。

もう、俺も還暦やからね。それでも若い頃はドキドキしとったよ。そういえば、二〇一八年の立命館との代表決定戦では、テレビ解説の小野（宏・現関西学院大学アメリカンフットボール部ディレクター）が興奮しとったね。いいもの聞かせてもらったわ。

でも、勝負いうもんは、負けるときもあるからね。

自分らのプレーをして、力を出しきって負けたらしゃあない。ただ、力を出しきれずに負けたときいうのは、学生たちにほんまに申し訳ないと思う。

負けたら、四年生に頭下げるしかないです。

第八章　時代に合わせて、コーチングも変わるで

好きなようにやってください。コーチたちにはそう言うてるよ。

二〇一九年のシーズンでいうと、関西学院大学のスタッフで現場を見るのが監督、アシスタントヘッドコーチに、コーチが五人。他にアシスタントコーチが十一人います。それから小野宏がディレクターで、アシスタントディレクターも三人。他にメディカルスタッフ、トレーナーやらの大勢のスタッフで学生を支えてます。

このなかで、有給のプロコーチが私を含め三人いてます。

一つ大切にしているのは、現場でフットボールを指導するコーチと、ディレクターをはじめとするロジスティックを担当するマネジメント部門は、しっかりと分けているということです。これは組織を運営していくうえで、将来的にも大切にせなあかんところやね。マネジメント部門が現場の指導に口出ししてくるようになったら、ややこしいことになるよ。そのあたりは意識して運営してます。

このスタッフの人数、他の競技から見たら、多いらしいね。これでも足りないよ。

俺が思うに、他の競技はコーチの人数が足らんと思う。野球で守備コーチいうのがおるやろ。内野と外野ではまったく違うよね？　別々にコーチがいてしかるべきやと思う。内野にしても一塁手と二塁手、遊撃手ではまったく違うで。

ラグビーもワールドカップやっとったけど、フォワードコーチいうても、プロップとフランカーでは違うやろうし、コーチの人数をもっと増やしたら、選手はより成長すると思うんやけど、どうなんやろ？

俺ももう、六十歳やろ。アシスタントヘッドコーチの大村和輝を筆頭に、コーチたちにずいぶんと任せているので、衝突のようなものはあんまりないで。とにかく、もう任せてる。好きにやって、しか言わへん。好きなようにやってください。好きなように点とってください。好きなように守ってください。それで困ったときは、タイムアウトとりまっせ。

シーズン前に言うのは、それだけ。

試合が終わってから気になったことは言うけど、その程度やで。なんでかいうと、俺の意見を入れすぎてもおかしくなるからね。

忖度《そんたく》文化はあかんで。

この歳になると、監督の「意図」の大きさを意識するようになる。いくら任せてるといっても、監督の「ひと言」はスタッフの脳裏に、どうしても刻まれてしまうものなんです。なんたって日本は忖度文化やから。そういう忖度は必要ないと、俺も、コーチ陣も分かってると思う。でも長年、日本でそうやって生きてきてるから、どこかに刻まれてるわけです。

何気なく、自分が発したひと言が影響して、コーチ陣のやり方が変わることは十分に考えられるわけで、そうなったらあかんねん。

だから、あまり言わない。俺の発言の場は、試合の後の居酒屋での飲み会だけ。そこでは「こっちの方が得ちゃうの？」と気になったことは言います。選択肢の提示というかね。コーチたちも、そういう機会に俺に意見をぶつければええねん。陰でグチグチいうのは、男らしくない。思ったことがあったら、言うたらええだけや。別に関西学院では、意見を言うたからといって、しばかれるような文化はないからね、ウチは。

みんな俺の顔を見て、選手をしばきまくってると思ってる人がおるけど、してません。人を顔で判断せんといてほしいわ。たのむで、ほんまに。

ウチは部ができたときからずっと、指導者が選手を、先輩が後輩をしばいたりしないチームなんです。言いたいことが言える組織なんです。自由闊達《かったつ》にものを言えない組織は、絶対に発展せえへん。組織のリーダーは、そういう雰囲気をつくる責任がある。

ただね、言わせるだけでは意味あらへんで。言っても無視される。いいアイデアがあっても全部却下してしまうようでは、言う気がせえへんようになるわ。アホらしいってなるもん。それでは組織は活性化せえへんからね。

合意があればケンカしてもええよ。コーチ同士で。

リーダーいうのは、お互い、なんでも言い合える組織をつくらなあかん。

アメリカで見とっても、オフェンスとディフェンスのコーチはだいたいやり合うねん。負けたらお互い罵り合いですよ。

「俺らがディフェンスで止めとんのに、オフェンスがすぐにインターセプトされるのは、どういうことやねん！」

言いたい放題のときもあるよ。

でも、関西学院に大きな影響を与えたチャック・ミルズさんから教わったのは、罵り合いも許容せえと。もっと大きな目標を共有できれば問題ない言うてた。

罵り合っても、ケンカしてもワンチームやと。それを忘れへんかったらええ。

言いたいことを言って、相手を責めるのも構わへん。それでも、不満をぶつけるんやったら、どんなアイデアがあるのか、はっきり言えと。

それが大事や言うてたね。そうせんと、コーチ同士がケンカしとったら、それが選手にも伝わって、オフェンスとディフェンスでケンカが始まるようになるよ、ほんまに。

だから、ヘッドコーチいうのは、ワンチーム、ひとつのチームであることをスタッフに忘れないように意識させるのが重要なんです。そのうえで、発言の自由を保証する。それさえあれば、チームはうまくいくと思うで。言われた方も言い返せるし、年齢なんか関係ないし。

年下が年上のコーチになんも言えへんかったら、そんなチームや組織は終わりやで。だって、下が上にもの言えへん会社は潰れてくで。それと一緒。成長せえへん。

コーチに俺が思ってることを伝えるのに、選手を使うときもあんねん。

俺もね、こう見えても言いたいことはあんねん。

損か得かを考えて、こっちの方が得なんやけどなと思ったときに、どうやって伝えるのがいちばん効果的かを考えるね。

もちろん、俺が直接言うた方がいい場合もある。コーチ同士で話した方がよければ、誰かを呼んで「話しといて」というケースもある。それと、選手に言わせる場合もあるよ。

そういう小賢しいテクニックも身につけとんねん、俺は。

どうやったら効果的に伝わるのか、そうしたことを考え出したんは、三十代後半から四十代にかけてのことちゃうかな。

やっぱり若いコーチにも主義主張があるわけで、なんでもかんでも俺のことを受け入れるのは嫌やねん。俺もせやったしね。最終的には若いコーチのやりたいようにやってもらうんやけど、そのときにどっちが得か損とか、ワンクッション考えて欲しいねん。それはそのときばかりではなく、後々にも生きてくるから。

選手だけやなく、コーチも育てていかないとあかん。俺が辞めた後もファイターズはずっと続けていくわけやし、ひとりの監督なんて、関西学院の長い歴史から見たらちっぽけな存在ですよ。

今は、アシスタントヘッドコーチの大村にずいぶん任せてるよ。大村は一九九四年に大学卒業してからリクルートで働いて、その後、社会人チームの監督やコーチをしとってね。そこから段々と学生を教えたいように感じたんやろな。なんといっても、学生の成長を手伝えるのがコーチのやりがいだからね。フットボールだけやなしに、人間的な成長を助けるのが大学の指導者の役目やから。そこに面白さを感じたらええねん。

もちろん勝つことは重要です。それでも、そこに人間的な成長を求めていってあげることが大学のコーチにとっていちばん大切なことちゃうかな。

勝ち負けはしゃあない、究極のコーチングいうのは、「負け方を考えてあげる」ことやないかと思ったときがあったんです。

チームの力を全部発揮して負けたらしゃあないよ。でも、負けるときはだいたい力が発揮できひんときなんです。そうならないように、コーチはできるだけ準備して、負けたけど全力は出し切れた――。選手がそう思えるようにしてあげるということなんちゃうかな。

シーズンを通したマネジメントが必要です。

納得できる負けがあってはいかんのかもしれへんけど、学生スポーツでは勝ち負け以外の価値観があるいうことを指導者は分かってないとあかんな。

納得できる試合をするため、スタッフは年間計画を考えるわけです。

俺はアメリカで勉強させてもらったけどアメリカと日本ではフットボールに対する季節感いうものが違います。

アメリカは九月に新入生が入ってくる。俺がおったオレゴンでも、まだ暑さが残ってる時期ですよ。九月の半ばくらいから、ずいぶんと秋めいてくるけどね。つまり、カレッジフットボールというのは、新しい学年の始まりとともに始まり、十一月のサンクスギビングの季節にライバル校と対戦して、勝ち越していれば、年末から正月にかけてのボウルゲームまでシーズンが続くわけです。ボウルゲームに出られるか出られへんかで、十二月の過ごし方はずいぶんと違ってくるよ。真剣勝負が待っていれば選手たちはレベルアップできる。正月をチームで迎えるというのは、次のシーズンにもつながる大切なことや。

日本には日本の季節の流れがあるね。

四月に新入生が入ってくるけど、最近の学生は練習がキツいかどうか、様子を見てから入ってくんねん。どうなってんの、まったく。二〇一九年はだいぶ時間が経ってからダダっと入ってきよった。

新入生を迎えつつ、ウチの場合は春こそが追い込む時期なんです。ゴールデンウィークのあたりから試合が入ってくるけど、週末の試合に向けてテーマを持って、いろいろなことを試していく。

そのなかで、その年の学生たちの姿勢も見えてくる。面談を進めながら、四年生、サボってませんか？　いいクラブにするために、自分ができることをやってますか？　いちいち言わないけれども、選手たちをずっと観察してます。こっちが言うてできたとしても、身につかんからね。

それでもって、夏には兵庫県北部の東鉢伏高原での合宿があります。これはね、今や避暑みたいなもんや。ここ数年、日本の夏はおかしいやろ。「暑熱馴化(しょねつじゅんか)」いうて、七月くらいから暑さ対策を始めるけれど、体が追いつかんので。「世界一安全なクラブ」を目指すうえでは、熱中症対策もしていく必要が高まってるね。

いろいろな要素を考え合わせると、夏に追い込むというよりは、春に仕込んだいろいろなことの精度や成功率を高めていく時期に変わってきた。

それに加えてチームづくりをするうえで難しくなってきたのは、シーズンの始まりがどんどん早くなって、九月の第一週から公式戦が始まるいうこと。もう時間がないねん。公式戦のために備えるとなると、八月の合宿で選手を追い込むことはなかなか難しいね。ケガ人を出すと、それだけチームづくりが遅れてしまう。

ただし、それはシーズンが始まる前から分かっとんねん。スタッフに言うてるのは、こんなスケジュールになってます、いろいろなことが想定されますよね。クオーターバックがケガで戦列を離れた、でも、代わりとなるクオーターバックがいません、というのでは困りますよ、と。

あらゆることを想定して、春から準備を進める必要があるわけです。二番手のクオーターバックをつくってなくて、エースが潰れて戦えなくなったチームをいくらでも見てきたよ。二番手、三番手をつくっておかないと、エースが戦線離脱したときに、チーム全体が動揺する。選手だけでなく、コーチが何をしたらいいのか分からなくなるチームもある。

ウチでは、そんなことは許さへんとコーチたちに言ってるから。

もしも、クォーターバックが脳震盪になったら試合に出られませんよ。そのときのために春からどんな準備をするんですか、とコーチたちに言うてます。

監督の仕事って、そんなものですよ。どんな状況になっても対応できるようにスタッフを動かす。

でもね、スタッフだけやないよ。四年生にも言うてるよ。レギュラーの連中には、「自分が病気やケガでこけることもあるで。何が起こるか分からへん。そのときのために自分の代わりになる交代選手を二、三人つくっておけよ」と言ってあります。

自分だけうまくなっても、チームは勝てへんよ。

これ、不思議に思う人がおるらしいねん。自分と同じポジションの後輩を育てるいうのが珍しいみたいで。「ライバルをつくるみたいなものですよね？」って。

そりゃ、発想が違うよ。個人競技じゃあるまいし、レギュラー争いはあるけれど、チームの勝利こそが上位概念なわけや。たとえば、圧倒的な力を持ったオフェンスラインの選手がいるとする。どんな相手にも負けない、強力な選手がおる。コーチも安心しとる。それがもし、その選手が倒れたらどうなるか？　代わりになる選手が非力だったら、一発でやられるで。もしも、負けたくないんやったら、自分のテクニック、心構え、いろいろな財産を後輩たちに伝え、ポジション全体で向上していかなチームは強くならへん。自分だけよければいいというのは通用せえへん。

そのあたりの発想は、個人競技とは違うやろね。チームのために自分がどう動くべきか、それを学生時代に考えられるいうのは大きな財産やと思う。会社に入ってからも役立つんちゃうかな。

でもね、自分のことで手いっぱいの連中が多いのも確かでね。「お前が出られへんかったら、次に誰が出るねん？」と質問すると、「アイツです」と答える。「アイツで行けんの？」と聞くと、「しんどいです」と答える。もう、笑いそうになるで。お前、なに考えとるねん。めっちゃ無責任やな、と。会社に入ってそんなことしとったら、役に立たんよ。

つまり、こういうことです。自分が潰れたら、チームは負けるかもしれない。そうならないために、自分と競えるような力を持った選手をつくらなあかんのです。

教え方にもセンスが出るね。「教えました」、「言いました」、「一緒にビデオ見ました」とか、だいたいこう答えるわけです。やってへんよりは、マシやけど、どこまで伝わってるかを確認してへん四年生もいるよ。

「お前がやってる言うても、下級生ができへんかったら、試合で役に立てへんで。それは教えてへんのと一緒やで。大丈夫か？」と言うけどね。

教え方がうまい四年生は、慕われるものですよ。

きちんと下級生に教える姿いうのは、カッコいいものなんです。先輩からきちんと伝えられていれば、それを自分の後輩にも伝えたいと感じるよね。

教え方がうまい四年生は、後輩から慕われるし、一生、尊敬されると思うで。

それに「どうやって教えるか」ということを突き詰めて、それを言語化すると、自分のスキルも間違いなく上達していきます。言葉に分解するいうのは、大切なことを見極めないとあかんからね。

教えるいうのは、いろいろなものが見えてくることにもなる。その価値を分かって欲しい。理解して欲しいな。

こうした教える、教わるというのはウチの特徴かもしれへんね。

アメリカでは、コーチから選手たちへの一方通行ですよ。カレッジでは毎週毎週試合があるから、学生たちでレビューするのは無理で、やっぱりコーチが主導して仕込んでいかないと次の試合に間に合わない。「これをやっとけ」と言って、とにかく仕込むことに集中するわけです。

俺は、関西学院のフットボールはチャンピオンシップを目指すクラブであり、教育の場とも考えているので、教えることと教わることを重視してきたわけです。それも若いときの失敗があったから気づけたわけやけどね。教育と考えているから、学生とコーチたちには成長していってほしい。

教える経験をするいうのは、会社でずいぶんと役に立つと思うで。いまはプレゼンテーション社会になってるから、人に分かりやすく説明するスキルがめちゃくちゃ求められてる。ただプレゼンするだけやなくて、意見も言わなあかんしね。

それをフットボールでやってるだけのことなんよ。これもまた、アクティブラーニングの現場ということなんです。

効率、合理性。これもフットボールをやるうえでは大事なことです。

上級生が下級生を教えていくのが伝統いうか、関西学院の強さを支えてる要素のひとつだとは思うけど、丁寧に教えつつ、効率を追求するいうのも大事なんです。

ポジションごとの練習なんかを見てると、教えてるのはいいけど、えらい待ち時間が多かったりする。ぼーっと立ってる時間が長い。

そういうのを見てると、「考ええや！」と思うね。順番待ちなんてなんの意味もないから、スペースを見つけてグループをふたつに分けたり、みんなが練習できる時間を増やした方がクラブ全体が強くなるでしょう、と。学生のうちからそういうことに気づく選手は、試合でも気が利いたプレーをするんです。幹部でも、気づかん奴は気づかへん。

今の時代、考えない連中が増えたから、そんなことになるんかな。練習を効率化するいうことは、立派なマネジメントです。何のために練習するのかいうたら、試合に勝つためでしょ。試合のどういう場面で役に立つか、それを想定しとったら、いろいろと工夫するはずですよ。そこに気づいたら、それを下級生に説明していく。そのプロセスが繰り返されていけば、クラブにとっても立派な財産になるからね。

やったことがないことでも、勉強したらできるようになるよ。

考えるうえで大事なのが、自分が知らないものにチャレンジするいうことです。ニューイングランド・ペイトリオッツのヘッドコーチのビル・ベリチックは、もう何度もチームをスーパーボウル・チャンピオンに導いてるけど、あの人は高校までしかフットボールの経験あらへんで。あの人のオヤジは、分析担当のコーチやったらしいけどね。それでオヤジさんと一緒にフィルムを見て、フットボールを勉強してた。

ベリチックは、ＮＦＬでスペシャルチームのコーチからディフェンスのコーチをやって、ヘッドコーチになった。たぶん、猛烈に勉強したからや。

俺はディフェンス出身やけど、人がいなかったこともあって、ヘッドコーチになってから三年間は、オフェンスのコールも出してたんです。これは勉強になったね。自分がやったことがないポジションでも、責任を背負って仕事に取り組むと、ある程度までは極められるんです。ベリチックのようにね。

日本の場合は、コーチのなかにも「やったことないんです」って最初から及び腰の連中が多い。それはあかん。やらな分からへんで。それこそ、「やってみなはれ」というのが大事や。

俺は経験よりも、何がええのか、何があかんかを見極める目を持ってれば、十分やと思う。問題ないよ。大切なのは貪欲に学ぶ姿勢。これが第一。それから観察眼。

試合に負けた。その原因はなんやねん、と。自分の指導力なのか、選手にプレーの本質を理解させてへんかったのか、それとも根本的なフィジカルでハンディキャップがあったのか。いろいろ理由が出てくるわけで、それを分かってたら問題ないねん。すぐに処方箋が書けるやろ。そこには、プレー経験とかは関係ないねん。

センス、センス。見て、考えて、教えるセンスがあればええねん。

もっとコーチングが職業にならなあかんね。

ファイターズでプロコーチは三人やろ。あとは大学の職員もおるけど、もっともっとフットボールのコーチで食える人間が多くなっていってほしい。

でも、それには関西学院だけが頑張ってればいいだけの話ではなくて、フットボール全体が盛り上がっていかな無理。

コーチになりたくても、それだけでは食べていけないという状況やったら、なり手がいないよね。日本でもコーチが職業にならないとレベルが上がっていかない。

もちろん、プロコーチはリスクもあります。もしも、成績を残せなかったらクビだからね。職業として確立していないから、クビになったら路頭に迷うことになってしまう。人事の流動性がないからね。失敗が許されへんねん。

一方で、現実問題として日本のフットボール界では社会人も学生も指導者が足りない。人材不足。どうにかしたいんやけど、俺としては教育的な要素をアピールしていけば、職業として成り立つ思うんやけどなあ。

指導者は立派な職業ですよ。

どうやったら、コーチで生活が成り立つか。早く日本もそうなって欲しいと思うよ。フットボールだけやなしに、バスケットボールでも、バレーボールでも何でも、大学レベルでも半分はボランティアみたいな形で指導しているからね。

これはね、立派な職業やねん。先生であり、コーチなんです。周りの人たちは、ボランティアが当たり前と思うてるかもしれへんけど、そんなの大間違い。このままでいいわけがないよ。

コーチいうのは尊い仕事やと思うけどね。もともとの語源は、コーチ（馬車）で人を目的地に連れていく人、という意味です。ええ意味やね。

学校のところ（第五章）でも話したけど、先生はあまりにも忙しすぎて、授業以外では人生になかなか影響を与えられない。せやけど、クラブの先生やったら、若者の人生になんらかの影響を与えられるねん。いい影響やないと、意味ないで。体罰なんて、もってのほかや。

コーチという身分、職業を成立させなあかんと思うわ。もっともっと、いろいろな競技でね。

そのためには、しっかりとした人材を輩出していかないとダメです。企業や研究の世界でも「フットボールやってた人間は賢い。ちゃんと勉強してる人材だ」と思われるようになるように指導していく必要があるね。

ファイターズとしては、しっかりとやってきたという自負はあります。それが大学フットボール全体に広まらないと競技として縮小してしまうよ、ほんまに。

だから学生も、一年生、二年生のうちに単位をとるだけやなしに、こういう専門を勉強したい、と思うような好奇心を持たなあかんね。

アメリカではコーチが尊敬されとるし、経済的な報酬も大きいわな。

単純に比較はできないけど、アメリカではコーチは立派な職業ですよ。

SEC（アラバマ大、フロリダ大、ルイジアナステイト大など、フットボールの名門校が集まるSoutheastern Conferenceのこと）なんかのヘッドコーチだと、大学の学長よりサラリーもらってるし、それどころかアラバマ州やルイジアナ州の知事より高いお金もらってるからね。これは、事実です。アメリカって、スポーツにお金出してるから、あれだけ盛り上がるし、人生のチャンスがたくさん生まれる。

アメリカのカレッジフットボールだと、十人以上はプロコーチやね。単純にひとり一千万円給料もらってるとしたら、それだけでも予算は一億円。日本では無理やな。いまのところ。でも、それを変えていきたいね。

「そんなん無理でしょ」言うたら、そこで終わり。誰かがやらん限り変わらん。

この十年、ウチが強いのも、大村がプロコーチとしてオフェンスコーディネーターをやってるからですよ。

今の大学のレベルでも、オフェンスコーディネーターがプロやなかったら、しんどい。一年通して準備せなあかんこと考えていったら、プロじゃないと時間が足りないからね。

なぜ、そうなったか。

この十年間をとってみても、フットボールは本当に進化した思うで。それは映像の発展と軌を一にしとる。俺が学生の頃は、まだフィルムの時代。それがビデオになって使い勝手が劇的によくなり、それが今はデータ時代。見たいプレーを索引からすぐに引っ張り出せるようになったからね。昔から映像を読む力がコーチにも選手にも必要やったけど、優秀な選手であればあるほど、細かいことに気づいて、そこで差をつけるわけや。映像が進化すれば、プレーも進化する。この十年というもの、「ゾーンリード」ができて、オフェンスが優位な状況が続いた（２０５ページ参照）。これ、専門的すぎる？　ちょっとならええやろ。

ゾーンリードというのは、オプションプレーの一種です。ショットガンの隊形からプレーされることが多いけど、相手のディフェンスエンド（ＤＥ）の動きを見ながら、クオーターバック（ＱＢ）がランニングバック（ＲＢ）にハンドオフする動きを見せる。

ここでＤＥがＲＢにタックルしようとしてきたら、ＱＢが「それなら行かせてもらいます」いうて、自分でボールを持って走るパターンがひとつ。そうやなしに、もしもＤＥがＲＢの動きに釣られずにＱＢに向かってくる、あるいはＤＥがその場にステイしたら、ＱＢはＲＢにボールを持たせて走らせるパターンになります。

これが効果的だったんです。もしもQBがいいランナーだったら、なかなかディフェンスが対応できなかった。

それでも、ディフェンスが追いついてきた。ゾーンリードでオフェンスを組み立てても、効果的なシリーズを繰り出せないとなると、またパワーフットボールの時代がやってくるかもしれないね。

ちょっと専門的な話をさせてもらったけど、要は日進月歩。研究者のようにずっと戦術とにらめっこしてないと、太刀打ちできなくなる。

専門職やで。だからこそ、金銭的にもそうあって欲しいんやけどね。

とことん考えるいうことが、大事なんです。

コーチいうのは、孤独なもんです。

うまいことといけへんから、いろいろ考える。なんで学生はできひんのか、なんでか分からんなあとずっと考えとったら、パッと閃くことがあんねん。

これがおもろいところでね。一度、脳科学の先生とかに聞いてみたいんやけど、脳みそ

ZONE READ(ゾーンリード)

【図1】 ZONE READ

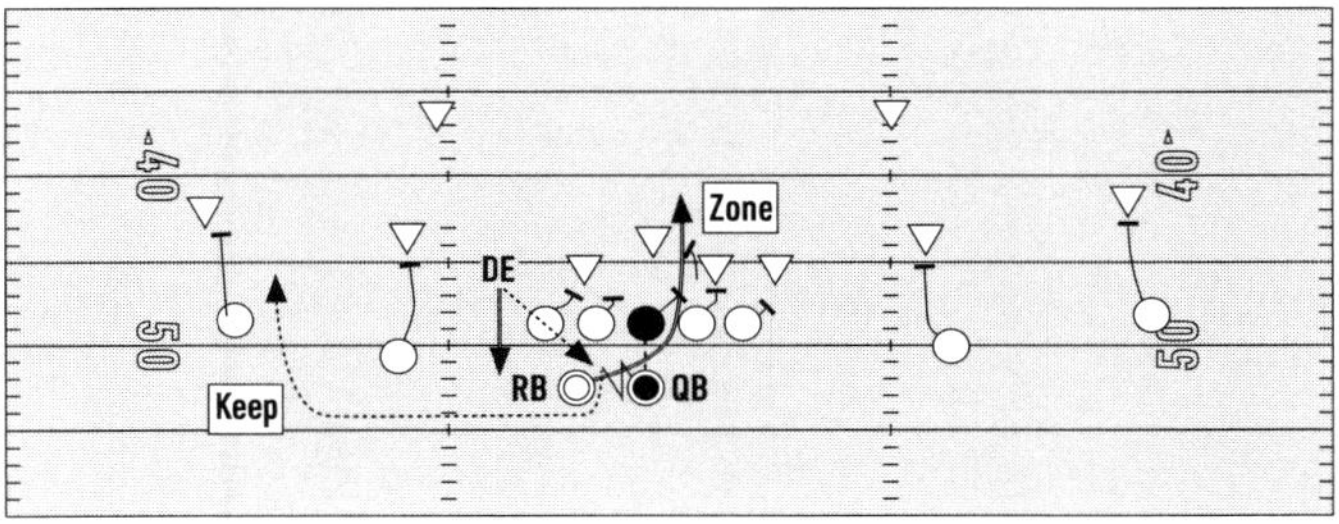

ZONE READ(ゾーンリード)とは、ショットガンフォーメーションから、QB(クオーターバック)が守備第1線の一番外側に位置するDE(ディフェンスエンド)の動きを見て、①DEが外側を守れば(—►)、RB(ランニングバック)にボールを渡して中央を走らせる(**Zone**)、②DEがRBをタックルしようと内側に入れば(┈►)、ボールを抜いて自分で走る(**Keep**)、のどちらかをオプション(選択)するランプレーです(図1)。

それまで「ZONE」というランプレーは、QBが必ずRBにボールを渡すことを決めていました。そのため、攻撃第1線のオフェンスライン5人は守備第1・2線の5人をブロックしていました(図2)。

【図2】 従来のZONE

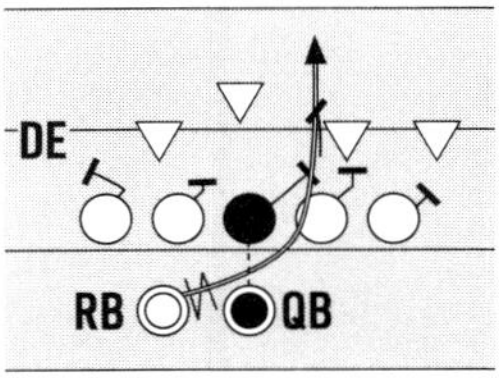

※DEと▽はディフェンス側

ところが「ZONE READ」なら、DEをブロックしなくて済むので、オフェンスライン5人で残りの4人をブロックすればよくなります。

QBにとっては、RBと交差するわずかな時間にそのオプション(選択)をしなければならないため難しい技術ですが、それを修得すればオフェンスは非常に有利な展開に持ち込めます。

いうのは、自分では意識してないけど、ずっと働いてると思うよ。そないなこと思わへん？

身近な例でいうと、俳優の名前とかがすぐに出てこないときがあるやろ。思い出すのを諦めたと思うてるけど、脳みそはそのことについて働き続けてるんちゃうかな？　名前を急に思い出すことがある。俺もね、いろいろと練習や試合のこと考えて、閃くときがあんねん。たぶん、脳みそは解決できない問題の答えを意識の下の方でずっと探してると思う。真面目なやっちゃで。脳、ちゅうもんは。

練習も一緒で、プレーが定着するかは、練習が終わって、自分なりに考えるかどうか。考えれば、理解度が高まります。のみ込みが早くて、気の利いたプレーができる人間いうのは、寝る前とかどこかで、その日にやった練習のことを反芻してるんちゃうかな。

おそらく、当日中に反省を自分なりにやっとけば八割は残る。翌日になれば五割に減って、三日経ったら二割とか一割とかにどんどん失われていく。学校に通ってるとき、先生から「今日中に復習せえ」とよく言われたと思うけど、あれは正しい気がするね。何も考えとらん奴は、あかん。

復習するいうのは、考える機会を増やすことやねん。それでもって、考えるいうのはね、何も試合に出てる選手ばかりのことではない。試合に出られへん選手でも、考えるチャンスはぎょうさんあんねん。

ファイターズには、分析班があります。当たり前やけど、学生であってもフットボールのこと考えてないとできない仕事です。やったら面白いと思うよ。素人で入ってきても、最後にはしっかりと分析できるようになります。

選手から転向する場合もあるけど、これも自分を活かす方法であって、選手に未練残しているより、よっぽど前向きなことやと思う。考える機会は尊い。そう思います。

それができるのが、フットボールの現場なんです。

第九章

スポーツは損得で勘定できるよ

損か得かは重要な価値基準やで。

ここまで話してきて、気づいたかも分からんけど、「損か、得か」という話をよくするんです。これは、フットボールを教えるうえで、ものすごく大切にしてる価値観です。関東の人の話を聞いてると、「いいものか、悪いものか？」というのが関東の判断基準かな、と思う。そないちゃう？

関西はちゃうよ。損か得か。いい悪いじゃなしに、損か得かどうかが重要です。選手起用、練習計画、スタッフと話すときには、なんでもかんでも、「そんなもん損や。回り道や。こうした方が得ちゃう？」という尺度で話してるよ。

大阪の発想は、損か得か、いうのがなんちゅうても大きいねん。お昼ごはん食べるにしても、晩飯食うにしても、同じ金出すんやったら、美味しい方がいいに決まってるよ。誰だって得な方を選ぶで。

フットボールでも同じことで、コーチと話すときもそうやって説明するし、選手に指導するときもよく使うよ。なぜかいうたら、相手にパッと分かりやすいようにするには、その方が分かりやすいちゃうかと思うから。

こういう関西の基準って、分かりやすいで。実利的いうのかな。もちろん、みんながみんな、損か得かで考える必要はないよ。コーチの仕事は選手に気づかせることやから、表現や伝達の方法はコーチによって違うし、対象とする選手によっても変わってくるのが当たり前です。違ってええねん。選手が分かるように話せばいいだけの話。

でも、俺は戦術を考えるとき、選手の活用を考えるとき、まずは「どっちが得かな」と考えとんねん。その発想はだいたい間違ってないと思うけどね。

自分のスタイルに学生を合わせるか、それとも学生の資質を見極めて戦い方を考えるか。

指導者のスタイルいうもんは千差万別やけど、おおまかに分けると、毎年、コーチのスタイルに学生を引っ張っていくのと、それぞれの学年の素質や特性を見ながら、毎年、戦い方を変えていく方法とがある。

俺は、後者やな。

どっちが得かというと、学生の特性を活かしていった方がナチュラルで、地力を発揮しやすいと思うねん。

歴史的に見て、関西学院はそれほど素質に恵まれたチームではないんです。他のチームからは「鳥内さん、何言うてるんですか？」と怒られるやろうけど、俺らの頃なんか素人集団と変わらへんで。いまだって、そんなに大きなラインはおらんしね。

そうすると学生の資質を見極めて、最大限に活かさな勝てへん。クオーターバックをやれる学生はみんな能力が高い。でも、出られるのはひとり。せやったら、他のポジションで出した方が得ちゃうの、ということです。もしもクオーターバックをやれるヤツがふたりもフィールドにおったら、嫌やで、相手は。それだけで心理戦で優位に立ってるよ。

だから、ウチの学生は練習の段階から思いきってプレーしたらええ。コーチに合わせようとする必要なんかどこにもないよ。どんどん自分をアピールしてください。それでコーチはヒントをもらって、クリエイティブなことを考えられるからね。

スポーツは「損得」でかなりの部分を説明できるで。

損得で物事を見ていくと、発想が変わってくる場合もあります。

今はチームディレクターやっとる俺の二学年下の小野は、もともとはクオーターバックやった。ただ、下級生のときはパスモーションが大きくて、クオーターバックとしては使いづらかったんです。でも、めっちゃ足が速かった。

足が速い選手をベンチに置いとくのは損やろ。

俺が四年生のときは、監督の伊角さんのアイデアだったと思うけど、本来はクオーターバックの小野を京大戦でテイルバックに使ったら、これがズバリ当たった。京大は研究上手やけど、突発的なことに対処するには、比較的時間がかかるチームだったから、ハマったんやね。

能力が高い選手がいたら、使わな損です。ポジションがなかったら、チームの得になるポジションをコーチが探したらええ。そういうことを大学時代から学んどったね。

フットボールの一つひとつのプレーもそう。オフェンスラインのブロックの仕方ひとつにしても、半歩違うとこれだけ得やで、という説明をしてます。こうした方がディフェンスは動きにくいで、と理由をきちんと説明してね。

スポーツいうのは全部、損得で勘定できるんちゃうかな。ひとりでやるゴルフとかは別かもしれんけど、ラグビーも、バレーも、バスケットも、卓球かて損得勘定でプレーを考えとかな、負けると思うよ。

こんなポジティブなこと言ってても、実はいっつも最悪のことばかり考えてるよ。どんな損害を蒙るか、それを想定して動いてる部分もあんねん。ずっとフットボールのことを考えてきたけど、最悪の事態を想定することからは逃れられへん。しゃあない。でも、そうであるべきやと思うで。勝負しにいくとき、ポジティブに考えてイケイケのシナリオしか用意しとらんかったら、流れを失ってしまったときに打つ手がなくなるからね。そうなったら四年生がかわいそうです。

ただ、考えすぎてしまうときもある。慎重なのは基本的に悪いことじゃないと思うけど、もう少し強気で攻めてもよかったかな、と思うときもある。

要は損得勘定のバランス。損益分岐点。それを見極めるいうのが大事やね。

フットボールには自分を活かせる無数の仕事がある。

クラブで四年間を過ごすでしょ。学生は時間が経ってくると試合に出られるか出られないかが分かってきて、そこでやる気をなくしてしまう人間もいます。

そこで諦めてしまったら、ものすごい損やで。

フットボールには、自分を活かせる無数の仕事があります。どんな立場であろうと、クラブのために役に立てる。

大きな試合前になると、分析班、そして「スカウトチーム」の活躍の場や。スカウトチームいうのは、分析班が出してきたパターンをもとにして、立命館が相手なら、練習で立命館の動きをその通りになぞっていく。スカウトチームの一員やったら、ほんまに相手のものまねをそっくりにやってくれたら、組織にとっては大きな得になるよ。

ところが、知りすぎてしまう男がおんねん。スカウトチームのディフェンスで、ウチのオフェンスのサインを全部知ってるから、練習なのに早く止めに来る学生がおる。バチッとタックル決めて、雄たけびを上げとる。「おいおい、分からへん状態でやってくれや。

趣旨が違うてるがな」と言うよ。騙されたフリをしてくれればええだけで、お前のためにやってんちゃうで、と。そうせんと、レギュラー陣がいいイメージ持てへんやろ、と。学生だから一生懸命やるのは分かるけど、間違った方向にいく例です。毎年、本気で止める連中がおるよ、ほんまに。笑ってまうけどね。

効率化を考えたら、日本のスポーツはもっと良くなると思うねん。

損か得かいうたら、日本のスポーツは人材を無駄にしてるんちゃうかと思う。他の競技のマネジメントを見てると、なんぼでも改善の余地があると思うよ。

たとえば、学生野球。高校にしても大学にしても部員が百人以上おって、試合に出られるのは二十人いないわな。高校野球は二〇一九年の部員数統計では十四万三千人おって、おそらく半分以上の選手が一度も試合せえへんと卒業していく。それやったら、他の競技に転向した方がよっぽど楽しい思うで。文化系でもいいしね。野球の外野やっとった選手、ワイドレシーバーできるで、ほんまに。

そうでなくても、部員が余ってるんやったら、映像分析に回したらいいと思う。先乗りスコアラーにすればチームのためになるんちゃう？

他の競技の練習を見とったら、ほんま損なことばっかりしよる。野球の練習、みんなで一緒に走ってたりするやん。あれ、もったいないと思うで。走ってる間にバッティング練習するグループをつくったらええねん。なんで効率を求めへんの？　それは指導者だけやなく、選手の方から「僕は後で走ります。いま、打たせてください。その方が効率的です」と言えばいいだけの話だと思うよ。それさえも言われへんのやったら、そのクラブで人生の時間を無駄にしてる思うわ。

そんなん、損やろ。

学生が練習をつくりあげんねん。コーチやないよ。コーチはお手伝い。

ウチは四年生の幹部がミーティングして、こういう練習をしたいとプレゼンテーションしてきます。だから効率化とか、そないなことも学生のうちから勉強できるよ。そこがウチの特長やと思う。

高校までは知識が少ないし、練習メニューは与えられるもんやけど、大学になったら自分らでアイデア持っていけへんかったら、おもろないよね。それでもって勉強が足らへんかったら、アシスタントヘッドコーチの大村から「自分らに何が足りないか、分かってる？」と突っ込まれるよ。これも学びの場です。

学生もだんだんと知恵を使えるようになるんやけど、どうしてもフットボールの引き出しが少ないから練習がワンパターンになりがちなんです。その足りない部分についてコーチ陣とディスカッションするわけやけど、「試合のどんな場面で、どんなプレーが起きるのか、きちんと想定して練習を考えてんの？」と話すことが多いね。

学生時代に徹底的に考えること、これは人生においてほんまに「得」なことやと思うよ。でも、その貴重な時間について分からへんから、いろいろ話してると、「去年も、おとしもやった練習なんで」という答えが多いねん。俺からしたら、「そういう発想、損なんちゃう？」と考えてしまう。

前例主義は手堅いように見える。無難なんです。でも、それは裏を返せば、いま自分たちに足りないものが見えてないということなんです。自分たちに必要なことを真剣に考えな損やで、ほんま。

そうやって自分たちを客観的に分析し、チーム全体でやるべき練習なのか、それとも別個にやる練習なのかを考えていく。考えなあかんねん。そうやって発想が磨かれていく。結局、イマジネーション、想像力が大切になってくる。あらゆる想定をして考え、最適にたどり着く。このプロセスを考えていくと、ほんまに選手として力がついてくるよ。

二〇一〇年代に入って、フットボールは結構、個人の時代になってきてます。

長いことフットボールに携わっていると、十年スパンで大きな革命が起きてることが分かるね。それに対応していかんことには、勝負できない。

二〇一〇年代は、ほんまにもうしんどいフットボールに変わっていった。オフェンスはパターンを決めておいて、ノーハドルでどんどん攻め続ける。これはリアクション芸のディフェンスにはしんどいよ。あまりにも早すぎて、対応しきれない。

当然、いろいろ知恵は絞るし、アメリカのアイデアをすぐに活用できるからシステムは発達してます。でも、そういう時代になると「個人」がまた脚光を浴びよるな。

今、アメリカのカレッジレベルでは、ゾーンリードの革命もあって、投げて走れるクオーターバックがイケてるやん。プロはまた別やけどな。あれを止めるのはしんどいで。投げて走れるクオーターバックが相手におったら、ディフェンスをふたりつけへんかったら、ロングゲインされてしまう。そうなると、中が空いてきて、いろいろと弱点が増えるわな。ひとりのスーパープレーヤーが局面を変えとんねん。

そういう意味で、走れるクオーターバックが今、求められてます。スーパーアスリートやな。それがおったら、どんだけ「得」か分からんよ、ほんまに。

ランニングバックもそうで、これまではオフェンスラインがつくった道を走るのが仕事やったけど、いまはランニングバックも判断力がより必要です。

どっちに走るのが得やねん、と。瞬時に判断してヤードを稼がなあかん。俺もコーチたちには、「選手の動きを制限するようなことは言わなくてええから」と伝えてます。それで結果が悪くても、否定しない。

ぶつかってもしゃあない。急にひとりリバース（狙っていたのと逆方向に走ること）してもええ。最近は、ジャンプして越えてこうとする選手も出てきたしね、日本でも。ジャンプシリーズ、スピンシリーズ、ひとりリバースシリーズ、なんでもOK。ほんま、いろいろできる選手が増えてきた。

仕組みが発達しすぎたからこそ、かえってシステムを超える個人の時代になったという

ことやと思うよ。

じゃあ、昔の選手はできひんかったかというと、そないなことはないと思う。前からお

ったはず。でも、自分で制限してたんちゃうかな。個人技で打開するというよりも、デザ

イン通りのプレーを好む傾向が強かった気がするな。この十年でずいぶんと考え方が変わ

ったし、今はそういう限界思考は取っ払った方がええ。

スーパーな相手を止めるのは、やっぱりせこいヤツやな。

俺はディフェンスの出身やろ。だから、デザイン通りに来る選手なら、止めやすい思う

ねん。たとえば、このオフェンスのフォーメーションを見て、ここにしか来ないというの

が分かってたら楽やで。

それよりも個人技がいちばん嫌やねん。ちゃんとプラン通り守ってたとしても、一対一

の個人技で抜かれるとつらい。尋常な人間を相手にするんやったら、自分でタックルでき

ひんかっても、穴をなくすことはできる。逃げ場をなくせば、二列目、三列目が行けばええ話やからね。

ところが、スーパーな個人技を持ってる人間は、そういう人間の考えそうなことを全部超えていく。えげつないで。

見方を変えれば、ファイターズもそないな人材がおったら強い。だからコーチたちには「走れるクオーターバックをつくれ」ってずっと言ってるよ。みんな、「そんなスーパーアスリート、簡単には見つかりません」て言うけど、そういう人材を見つけるという意志が大事なんや。

でも、そういう個人技に秀でたクオーターバックを止めるヤツがおるねん。どないなヤツと思う？

せこいヤツや。

「せこい」という言葉も関西の言葉やね。関東の人間が聞いたら、なんやケチ臭いとか、お金にせこいとか、そないネガティブな意味に聞こえるやろ。ちゃうねん。それは誤解。カルチャーギャップ。

せこいという言葉は、ええ言葉やね。

ほんま、関東の人に「せこい」いう言葉を説明するのは難しいな。移住してきたら、いっぺんで分かる思うけどな。

関東の人がイメージするのは、ずる賢さとか、そういうんちゃう？　それは俺のボキャブラリーのなかでは違うねん。

あえて言うなら……せこいイコール実利のあるヤツということかな。

それでもって、関西学院はせこさで負けたら勝ち目ないで、ほんまに。それくらい大事なことです。

ひと言で言い表すのは難しいから、言葉を尽くして説明させていただきますと、「せこいディフェンスする選手」いうたら、相手が何をしてくるのか気づく選手。これ、最高の褒め言葉ですよ。

スーパーな相手を止められるのは、スーパーにせこい選手。

運動能力はあまり関係ないねん。予測がついて、オフェンスに対して先手を打てる。展開が読めるんやな。もちろん、自分で判断できるのは当たり前です。ほんま、せこい選手を並べたいわ。

せこい選手は、自由やで。いろいろな意味で。チームの約束事を守ったうえで、自分の自由に動く。アサインメントを守らなあかんと思ってるのは悪いことやない。真面目なことです。でもね、スーパーな相手が出てきたら、アサインメントだけをこなしとっても止まらんよ。

そこからは、人間対人間の戦いです。

パスをケアしなければいけない場面でも、相手が走ってくると確信したら、アサインメントは無視してもいい。自分の判断で止めに行ったらええ。そういう学生が欲しいわな。これは、なかなか教えられへん感覚やから。

最初に失敗する学生はおもろいね。

フットボールがおもろいのは、そういうセンスのあるヤツが約束事を無視して、自分の判断で自分の責任において止めにいくところ。そして、いいチームだったら、そこで他のメンバーが反応するようになるねん。カバーしたり、他の選手各々の判断で動き始める。ひとりの判断が集団を高めることがあんねん。

それがリーダーというものでしょう。

スーパーな相手を止められんヤツは縦割り、官僚主義の選手です。試合で「僕、ここ守ってます」って言うて、それで済むわけがないやろ。そんなこと言ってたら、やられてまうで。

たとえば、こういうシチュエーションがあんねん。ディフェンスのセーフティというポジション。後ろの真ん中のゾーンを守るポジションやけど、パスに対するディフェンスが強調されてる場面で、自分のゾーンを守ることばかりに気をとられてて、相手に走られたときに対応が一歩二歩遅れる選手がいる。「僕の責任は、ディープの真ん中です」とかなんとか言うて。アホちゃうかと思うよ。ランが来たら、縄張り捨ててそこに助けにいくのが当たり前やろ。なんや、自分のゾーンって。

だからね、一年生とか二年生の試合に出たての選手で、相手のプレーアクション（クオーターバックがランニングバックにボールを渡すふりをしてランプレーに見せかけ、ディフェンスがそれに釣られたところでパスを投げるプレー）に引っかかる選手がいると、俺はうれしいねん。

パスと思ってたけど、ランや！　止めにいく！　と上がってきたはええけど、見事に引っかかるような選手ほど、上級生になるとビッグプレーしよる。

下級生のうちは、「また、引っかかってしもうた」でええねん。そのうち見えてくるようになるから。下級生のうちから、完全にプレーが分かった後に動くような選手では、ビッグプレーは生まれへん。

これもセンスの問題なんです。フットボール未経験の選手でも、すぐに見抜くヤツもおるからね。運動神経って昔から言われるけど、どんなスポーツやってもすぐにコツをつかむ頭のええ選手っておるよね。

英才教育の時代やけど、いろいろなスポーツやるのもええもんやで。

今の時代、英才教育で三歳からその競技をやってないと一流にはなれないという説があるよね。卓球の子たちは、みんなそう。

でも、一方でいろいろなスポーツを体験した方が成長してからプラスになるという話もある。

俺が思うに、サッカーやら、バスケットやらいろいろな競技でしびれる場面を経験している連中は、大学からフットボールを始めたとしても勝負どころの勘が働くと思うねん。特に主張しておきたいのは、サッカーやバスケットで、相手のパスをインターセプトできる選手。関西学院のフットボールに、いらっしゃい。結果出す思うで。

俺もサッカーやってたから分かるけど、相手のボールを奪うヤツって、わざと蹴らせたり、放らせたりするのがうまいねん。

フットボールだと、相手クオーターバックの警戒が緩むよう、わざとレシーバーとの間合いを空けておく。ワイドレシーバーにぴったり付きすぎるとダメ。クオーターバックが放ってくれへんから。でも、守りながらその間合いが見えてるんやな。見えてるけど、見えてへんフリをするのがうまい。それを試合が始まってからずっとやっとって、餌を撒いておく。そして肝心なところで狙いすましてインターセプトやらビッグプレーに結び付ける。

これだけ聞いたら、やりたくなるんちゃう?

せこいやろ。

身体能力だけやなしに、他のスポーツを体験してると、そういうセンスが磨かれるんとちゃうかな。だから、高校まで何かを真剣にやってたなら、関西学院でユニフォームを着るチャンスあると思うで。俺らの頃は、卓球やってた奴だっておったからね(笑)。お待ちしてます。

いろいろとアイデアが湧いてくるよ。他の競技を見とっても。

フットボールをずっとやってきたことで、いろいろな競技を見てても、どんどんアイデアが湧いてくる。俺に限らず、他の競技の指導者の人でも、一つのことを極めると、他の競技の大切な部分が見えてくるんちゃうかな。

たとえば、相撲。立ち合いはオフェンスとディフェンスのラインのぶつかり合いに似てるよね。相撲というのは、結局はバランスの崩し合いなんです。崩されたら負け。そこはフットボールと一緒やね。そこまでは誰でも気づくわな。俺はどこ見てるかというと、足首と足の裏なんや。

そこばかり見てると、気づくことがあんねん。幕内の力士でも、意外と片足で相撲を取ってる力士が多いよ。片一方の足が浮いてることが多いんです。そういう力士は相撲が下手やと思う。その片足もつま先に重心がかかってることがほとんどで、踵が浮いてんねん。相撲では相手を押すときに足先で砂を噛むねんけど、踵も大事やねん。乗せすぎてもあかんけどね。

ポイントは、足首が「潰れてる」ことです。

潰れてるいうのは、スキーの姿勢を思い出してもらえばいいと思う。スキーはブーツに足を入れると足全体でバランスを取るようになってるやろ。スキーいうのは、ブーツ自体で強制的に安定をとってるいうことです。

相撲の強い奴はちゃうで。両足ともちゃんと土俵についている。これはもう、全然違う。「土俵に根が生えたような」という表現をアナウンサーがすることがあるけど、それができるのは両足がついている力士だけ。

現役だと、貴景勝はケガをしていろいろ大変やけど、しっかりと両足をついた相撲ができとんねん。貴景勝がなかなか引き落としを食らわんのは、いちばん大事な足の裏がきちっとついてるからやと思う。きちんとケガを治せば、また上がってくるはずですよ。

結局、フットボールと相撲の共通点は、相手を「こかす」ことや。オフェンスラインは相手にずっとついとかなあかんけど、ランニングバックもレシーバーも相手をこかしたら、勝ちです。

ほとんどのスポーツって、こかし合い、バランスの崩し合いですよ。サッカーもバスケットボールもフェイントで相手を抜く。柔道もバランスを崩された方が負ける。卓球やテニスは相手を揺さぶってバランスを崩したら、逆をとられる。

そういう見方をしたら、いろいろなヒントがそれぞれのスポーツに転がっとる。楽しいよ、見て考えるのは。そういう視点を持っていれば、いろいろ得ちゃうかな。

データ、確率は分かりやすく損得を教えてくれるよね。

フットボールはアメリカで発展したスポーツやから、今ではデータ分析やいろいろなテクノロジーを導入して、強化を進めてます。プレー選択をするときも、成功する確率が高いプレーを用意しておかな、ファーストダウンも取られへんからね。安全確実なプレーを一つでも増やすことが大事や。

損得勘定の指標、それがデータですよ。

それはどんなスポーツでもそうやな。特に野球は確率が重視される競技。本から映画にもなったけど、『マネーボール』って野球の本質を突いてたんやろね。野球の数字を読み解いていくと、面白いなと思うよ。

優秀なバッターでもせいぜい打率は3割。4割打者なんて今は出てこないけれど、得点圏打率とか、ランナーがいるときの打率とかも全部出てくる時代になった。不思議なもので、ランナーがおるときにあかんヤツっておるねん。そのかわり、どうでもいいときにヒット打ったりして打率上げてたりね。

野球という競技の特性を考えていくと、全員がホームランを打てるわけやないから、そうなると塁に出る選手が偉いと思う。ランナーが塁に出んことには、得点は生まれない。これは絶対的な事実やで。塁に出る確率の高い選手がいた方が強いに決まってる。なんといっても、ピッチャーもキャッチャーも嫌がるに決まってるし。

一時期、巨人が四番打者をズラリと並べて、野村克也さんに怒られよったな。そんなんで野球できるかって。喝やって！　あ、それは張本さんか。

でもね、アメリカで数量計算をスポーツに取り入れたんは、野球よりもフットボールの方が早かったはずや。俺がアメリカで感じたのは、コーチたちが持っている「この選手は何ができるか？」という疑問を数字で解き明かそうとしてたこと。どこかのポジションで結果を残せなくても、他のポジションならできるかもしれない。できひんことをやらせ続けるよりも、できることを探してやるのに身体能力だとかのデータも活用してた。コーチの勘やなしに、過去のデータも参照しながら、選手の可能性を探るような発想ね。

その過程で、オフェンスからディフェンスに変わる選手もおる。要は特性。それを見極めることだけですよ。

データは使いようやと思う。信頼性が高いのも認めます。ただ、俺はコーチたちがグラウンドで長年培ってきた勘というものもバカにできんなと思います。

俺が大切にしてるのは、選手を観察しとって、「この選手が天然でできることは何か？」ということなんです。

教えてできることではなく、大学に入ってきたときに、教えられずに、自然と動ける能力。練習をじっと観察してると、動きの特性が見えてくる。それを見極めて、あのポジションの方がええんちゃうかな、といろいろとアイデアが湧いてくる。結局、そっちのポジションの方が本人にもチームにとっても得ちゃうかなということです。

ただし、ポジションを変えるときに必要なのは、本人が納得することです。「こっちの方が向いてるから、やれやれ」とコーチたちがなんぼ言ったとしても、嫌々やるものではないからね。

それでええの？　という疑問を常に持つことが大切。

損得勘定の話、ガッテンしていただけましたでしょうか？

しもうた、東京の噺家さんのこんなネタ使うたら、上方の噺家さんに怒られるのがオチやで。

フットボールという競技は複雑で、いろいろなことが絡み合っているけれども、損か得かという発想で部分部分、局面局面を見ていけば、意外とシンプルなところもあります。

監督、コーチの仕事いうのはどうやったら勝てるか、その方法を探すことに尽きるわけで、俺はそこに損得の物差しを持ち込んでいたという話です。ひょっとしたらそこにユニークさ、オリジナリティがあったのかもしれんね。

現在、日本の大学フットボール界では、一九七〇年代の日大のような圧倒的なチームはないです。学生同士の対戦だったら、コーチ陣の知恵の絞り合いで勝ち負けはなんぼでも変わるで。キャリアが長くなってきたら引き出しが増えるし、すぐにアイデアが閃く。

本来であれば、選手もそうなっていかなあかんねん。観察できなあかん。何が問題なのかを発見できなあかん。それには練習の段階から観察を怠らず、それでええの？　という疑問を常に持つことが大切。

そこに損得勘定が働く。

対戦する相手を具体的にイメージして、この練習が勝ちにつながるかどうか、考えないといけないわけです。無駄な練習をする余裕はないし、そんなんやらん方がええ。

関西学院はスマートな学校やと思われてるけど、ことフットボールに関しては、せこくて、損得勘定ができる選手が評価されるということです。

第十章　世界一安全なチームをつくる

俺が学生の頃は〝根性練〟もあったよ。

戦略、戦術、選手のフィジカル。ここ最近のフットボールの進化はすごいもんです。でも、フィジカルの強化は、相手に対するリスクが増えるということも意味します。その分、安全性の確保も進化しなければならない。

俺らが学生の頃は、〝根性練〟もあったよ。意味なかったな。根性を鍛えたからいうて、勝たれへんからな。めちゃくちゃな追い込み方して練習したからって勝てるものでもない。ケガするリスクを増やしてるだけです。

そんな時代から一気に変わっていったのは、映像技術の発展と関係してる思うねん。フィルムからビデオへ、ビデオからデータ時代に変わって、映像をフル活用できるようになった。昔は根性を鍛えることに「拠りどころ」を求めていた部分もあったと思う。でも、映像をレビューしたら、どういう方法がいいのかすぐに議論できるし、どんどん合理的になっていったんです。

そうして根性練は消えていった。根性というか、フットボールに対する覚悟があるのは当たり前です。それは大前提。いまは練習の質、プレーの完成度、成熟度を高めていかないと勝てない時代。いまどき「根性や！　根性見せい！」とか言うてる指導者は、映像をきちんと使えてない思うで。

映像で根性練を見ても、何も得るものない。思い出づくり。こんなん、俺たちようやったなって。そんなもの、どうでもええねん。

いまでもおるよ、ウチのOBでも。鉢伏での夏合宿めっちゃ暑かったな。でも、俺らよう頑張ったな言うて、酒飲んでるわ。まあ、そういう時代やったということです。

とにかく、昔のような根性練は学生をリスクにさらすことになるし、合理的ではないです。それだけは言うておきます。

二〇〇三年八月十六日のことは忘れたことありません。

これまでいろいろ話してきたけど、最後にどうしても伝えたいことがあります。

安全のことです。

関西学院では、二〇〇三年の八月十六日、東鉢伏高原の夏合宿中に四年生の平郡雷太《へぐりらいた》君が急性心不全で亡くなりました。

学生の命を守れなかったという悔恨は、いまも消えません。ご家族には本当に申し訳なくて、申し訳なくて仕方がないです。その後、謹慎中に学生の命をどうやったら守れるのか、ずいぶんと考えました。そして、「人の命が奪われるようなことが二度とあってはいけない」と決心しました。

私としては、関西学院を世界一安全なチームにしなければならないと思ったわけです。その過程で気づいたのは、安全対策だけではなしに、最終的にはコーチとしての姿勢が選手の命と安全を守ることにつながるということ。

そこでつくったのが「ファイターズ　コーチング　基本指針」です。

この基本指針は、選手の安全を守るためには、コーチとして人間として、学生に臨む姿勢を高めなければならないと思って、アメリカの大学などを参考にしてつくりました。

本来は関西学院大学アメリカンフットボール部のものですが、日本のすべての指導者や教育に携わる人にも共有してもらえたらと思うので、ここに記します。

コーチとして

・常に自己の改良に努めよ（自己の弱点を克服せよ）
・お互いに、またチームやグループに忠実であれ
・コーチ同士で交流せよ（選手の技術面、体力面のみならず、精神状態についても情報を共有する）

学生に対して

・学生の人間的な成長を助けよ
・前向きでやりがいを感じられるフットボールについて考え、話せ
・監督がよく話す主題を繰り返せ
・オーバーコーチングは禁物
・すべての選手に対して毅然たる態度で接し、公平であれ
・常に公平、公正であれ
・学生に対する一切の先入観を捨てよ

・自分が携わる選手に対してコーチせよ
・自分のポジションの選手たちの行動に責任（勇気）を持て
・人（人格）を批判するのではない、その行動を批判せよ
・コーチの哲学・理念は学生の哲学・理念と同じであるべきである

練習について
・選手に練習メニューの目的をしっかり伝えよ
・いい加減なことは黙って許すな（すぐに正してきっちりやらせること）
・練習準備を迅速に行うよう要求せよ。反復することは、基本技術を習得するためのキーポイントである
・各ポジション練習では、目的を教え、繰り返すためにペースダウンしてもよい。
・今は教える時なのか、試す時なのか、明確に知れ
・試合につながる練習を組め

健康管理面

・選手やチーム状態について常に気遣え（特に選手の精神面についてストレスを溜め込まないよう細心の注意を払う）
・安全確保は何よりも重要である。可能性のある諸々の問題点についてコーチは聡明であるよう常に注意を払え
・年に2回は安全面や医学的な知識を蓄えるために講習を受けよ（春秋シーズン前）
・その他、安全面についての受講、チームスタッフとの意見交換を随時行え

チームづくり

・一人ひとりがよりよいモラルを常に意識し、高めようとする努力を怠らない
・選手たちに常に接触せよ
・革新し創造していく気質を養え
・部員の努力や成し遂げたことを認識せよ
・ふさわしくない行為に対しては素早く応答せよ

・部員に学び進歩する機会を与えよ
・何よりも誠実さ（高潔さ）を尊重せよ

結局、学生のことを第一に考え、彼らが成長するための練習計画を知恵を絞って練り、しっかりと安全対策を講じる。そして個人の力をチームの力として結集させていく。この繰り返しです。

今の時代、安全性とはいっても、気を配らなければいけない要素が増え、クラブとして考えなければいけないことが、ぎょうさんあります。ウチが大きく取り組んでいることは、次の四つです。

熱中症対策
脳振とうを中心とした頭部外傷予防
頸部外傷予防
心不全予防

これらは重点対策の項目です。

ただし、事故が起きてしまったときのことも考えておかなければならない。もしものときにどうするか、ということを想定して咄嗟に対応できるようにしています。

一年生には、まず体をつくってもらいます。安全のために。

どの競技でもそうやと思うけど、中学から高校、高校から大学、大学から社会人へと移るのはなかなか大変なことです。競技だけやないね。新生活を始めるいうんは、誰にでも負担がかかることです。

フットボールでは一年生と四年生とでは体のつくりがまったく違うし、高校と大学では練習の質も量も桁違いやから、新入生はケガをするリスクが増します。なかには春から試合に出られる一年生もいるにはいるけど稀です。

なので一年生と春先に面談するときは、「一生懸命、体をつくってください。そうすれば上級生と一緒に練習できるようになるから。それとちゃんと授業に出てください。四年生になって単位を取るのに追われてるようでは、フットボールに集中できひんようになるから」と話して、体づくりと勉強頑張りや、の二点を強調してます。チーム全体としてみれば、一年生が地道に体をつくってくれれば、選手層が厚くなるからね。とにかく安全を確保するためには、しっかりとした体づくりが最優先なんです。選手名鑑とか見ると、身長体重が目に留まるよね。その数字を信用してはいかんね。フットボールの場合、体の中身を変えていかなケガするんです。選手やから、防具を付けて練習したい気持ちは分かる。でも、高校と大学ではレベルがまったく違う。ケガして半年も休んだら、結果的には損。だからケガせんようにもっていってます。

暑さ対策はすべての競技で求められてるよね。

東京オリンピックのマラソンが札幌に移転するとか、それも暑さの問題やけど、熱中症対策は以前にも増して気をつけなければいけません。「暑熱馴化」は、どこのクラブでも取り組んで欲しいね。夏場の練習に向けて、体を慣らすことから始めていく。これを計画的にやっていく。

それと日中は暑いので、練習時間を夕方以降に設定する。これはどの競技、どのクラブでもすぐに対応できるよね。早朝か、夕方以降。これで選手の体調はだいぶ守れると思います。

加えて、ウチは「ＷＢＧＴ」という環境暑熱計で練習環境のチェックをしてます。ＷＢＧＴいうのは、暑いところで働いている人たちが受ける熱ストレスの評価を行う、気温と湿度と輻射熱を取り入れた指標です。労働環境から学ぶこともあるんです。だから、指導者はアイデアを磨き、情報を収集せなあかんのです。ＷＢＧＴを見て高ければ、定めた数値まで下がるのを待つとか、そういう基準を設けているわけです。

頭頸部外傷の予防は、世界的にすべての競技が取り組んでいるテーマです。

頸部外傷と頭部外傷は予防の視点から見ると、かなり共通点があります。体を鍛える、そして適切な技術を習得することでリスクを減らせます。

今、フットボール界では頭部外傷をいかに減らすかというのが、とても大きなテーマです。

特にアメリカではＮＦＬを引退した五千人以上の選手が、脳振とうが長期的に脳機能に影響を与えることに関して、ＮＦＬを相手どり集団訴訟を起こし、社会問題になりました。安全性が優先されるようになり、脳振とうについては研究も進み、脳振とうが疑われる場合は、試合や練習に復帰するまでのプロトコル（手続き）も細かく決められるようになりました。

ファイターズでは、入部する時点で全員がＭＲＩとＭＲＡによる頭部（脳）の断面画像を撮影して、先天的な異常がないか、脳神経外科のドクターの診断を仰ぎます。そこが第一歩です。

そして体を鍛えること、適切な技術を身につけることが頭部外傷の予防につながるので、首、僧帽筋の強化を図り、コンタクトのときに頭部が振られるスピードを和らげます。

それから、衝突が起きるヒットの瞬間は、きちんと顔を上げていること（ヘッズアップ）、あごを引き、首を肩の中に埋めるような状態をとること（ブルネック）。両手を活用してヘルメットだけのコンタクトにならないようにする技術を一年生のときからしっかり身につけていくことが重要やね。

脳振とうが発生したときには、しっかりとしたマネジメントが必要です。復帰までのプロトコル、プロセスをしっかりと決めておき、守ることが重要です。
選手が脳振とうを発症した場合、次のようなプロトコルを決めてます。

①脳外科でＣＴスキャンとＭＲＩ検査を含めて受診する
②自覚症状がなくなった段階でCogSportのフォローアップテストを行い、脳の認知機能が正常な状態に回復したことを確認する
③ディレクターが直接本人と面談して総合的に判断し、チームドクターから復帰の承認を受ける
④監督が最終的に復帰を判断する

最終的に復帰の判断をするのは、監督です。選手の安全の責任を負ってるわけですから。表面上は脳振とうから回復したように見える選手がいるんやけど、ウェブ上で反応速度、反応の正確さ、記憶力などを測るテストを行います。これが「CogSport」です。それを使って、本人の正常時の数値と比較して、脳の認知機能が完全に回復しているかどうかを

検証し、復帰できるかどうかの判断材料にしてます。

もしものときに、セーフティーネットをつくっておくのは指導者の責任です。

平郡君は心不全で亡くなりました。スポーツ中の突然死は、世界でも起きていることですが、これを予防し、そしていざというときに、人命を助けるために人はどう動けばいいのか、セーフティーネットをしっかりと張っておく必要があります。

関西学院では年に1回、クラブ検診として、内科診察をはじめとして、心電図の検査を行ってます。少しでも心配な兆候があれば、外部の専門医のドクターに再チェックを依頼する仕組みにしてます。

ただし、予期せぬことが起きる場合があります。これはみなさんも知っておいた方がいいことやけど、突然死の主要原因は「心室細動」なんです。この対策として、AED（自動体外式除細動器）が配置されてますが、誰もが使えるようにしとかないといけません。

ウチは俺やコーチが過去に何度も講習を受けてます。また、学生トレーナーも毎年、シーズン前に救急救命講習会を受けて、心肺蘇生術とAEDの使い方の訓練を受けてます。

ただ、それでも練習してるときに重大事故が発生するかもしれない。そのときスタッフが慌てていたら、助かる可能性がどんどん低くなっていく。

ウチは慌てず、適切な処置ができるように、学生トレーナーが中心となって、迅速に対応できるような流れをつくってます。これもぜひ、参考にして欲しいです。

①事故に直接対応し、指示を出す者、救急車の要請・各方面への連絡を中継する者
②ＣＰＲ（心肺蘇生法）を実施する者
③ＡＥＤを手配する者
④救急車を要請する者
⑤救急車の誘導にあたる者
⑥経過を記録する者
⑦事後処理、選手の誘導を行う者
⑧状況によっては体位変換を補助する者

役割分担を決めてますが、そのときそのときの状況によって臨機応変に対応できるようにしなければならない。

これって、フットボールと一緒なんです。約束事はあるけれども、自分で最善の判断をすればいい。責任は私がとります。

ただし、安全を優先するいうことと、勝利を目指すいうことは矛盾する場合があります。たとえば、練習で選手をギリギリまで追い込まないと、成長を促せないときがある。これは単純なシボリとか、根性練とかそんなんとは違うよ。スピードが上がればそれだけ衝撃は大きくなるし、体重が増えれば相手には危険な要素が増える。上のレベルになればなるほど、そうした危険性は増していくわけです。

安全性を優先しつつ、コーチたちはギリギリのラインを探っていく必要があるわけです。

自分たちのことだけではないです。相手も守らなければいけない。

ここまでファイターズの安全への取り組みを紹介してきましたが、選手の安全や健康を優先するという意味では、危険なプレーを排除すること、これが徹底されなければならない。

これはフェアプレーの精神につながります。

相手を傷つけてまで勝つことに、何の意味があるのか。

もしも、反則まがいのレイトヒットを相手にかまして、その相手が動けんようになったら、一生、後悔するようになります。そんなことはやめようと。人間には理性があるんやから、ルールのなかで戦おうということです。

もしも、相手に対して重篤な事故を起こしてしまったら、謝って済む問題ちゃうし、ケガをさせた方も重たいものを永遠に背負わなあかんようになります。

学生を守る。いろいろな意味で。指導者がそれを忘れたらあきません。

指導者が危険なプレーを認めてしまったら、それはスポーツとして成り立たなくなるよ。

指導者の役割は、学生に自由な発想が出てくるように促すことやと思うよ。

安全を確保することと、クラブの自由な雰囲気いうのは俺の中ではつながってんねん。

二〇一八年には、スポーツのいろいろな問題が出たけど、「俺らが特殊なんかな?」とまで考えてしまったよ。体罰やらパワハラやら、そんなんやってて面白いんかな？　スポーツってもっとおもろいもんやでと思ってね。

スポーツって、ルールのなかで自由に戦えるから面白いんちゃうの？　最初は自由にやっとって、そのうちめちゃくちゃする人間が出てきて、危険やから「これはアカンやろ」ということで、みんなで相談してルールが決まった。

だからこそ、規律を守ったうえで、そのあとは自由にやったらええ。指導者は自由な発想が出てくるように促して、何がいちばん得かいうことを話し合ったらええねん。「俺の言うことを聞け」と話しとったら、おもろいわけがないよね。そうなったら意見を言う気がなくなるし、考える力を奪ってしまうことになるよ。結局、成長を阻害してることになるわけです。

風化させたらあかんのです。

部員の命が失われたということは、クラブにとっての重大事でした。十年以上が経ち、当時のことを記憶している人も段々と少なくなっていています。

それでも、風化させたら絶対にあかんのです。

自分にできることは、常に安全性を優先することをコーチや選手たちに徹底させることだけです。

今でも、鉢伏の夏合宿では初日に選手やスタッフを前にして平郡君の話をします。二〇〇三年にこういう事故があったんです、と。そして平郡君の命日である八月十六日には、彼の冥福を祈ります。

関西学院の学生諸君は、平郡君の前で恥ずかしいプレーをしたらだめです。正々堂々とプレーして、胸を張って勝負したらええ。それだけです。

平郡家には、今も毎月お線香をあげに行ってます。私を受け入れてくれるご家族には感謝しかありません。

世界一安全なチームをつくる。

これは平郡君から私に与えられた永遠の宿題です。

選手の安全と健康を優先して、危険なプレーも徹底的に排除しなければならない。学生を守る。いろいろな意味で。指導者がそれを忘れたらあきません。

おわりに

振り返ってみると、年齢を重ねる、年をとるいうのは大切なことやと思うね。若い頃はいろいろ失敗した。若気の至りもありました。その意味では、俺もファイターズに育てられたということです。

若い頃は目じりを上げてガーッと言うとったわ。俺だけやない。若くして関西学院に戻ってきたコーチたちは、みんなそうやった。年を重ねてくると、怒るのが段々しんどくなってくんねん。

俺の感覚では四十歳すぎちゃうかなあ。人生のええタイミングで角がとれてきて、そんなんガミガミ言わんでも学生はできるんやなと気づくようになるのは。

大学出てからずっとフットボールのことをさんざん考えてきたから、もうええねん。六十になると、もう達観。みんなの好きなようにやってくださいという感じですよ。いちばんおもろいところを若いコーチや学生に譲ってます。もう俺は何も言わへん。この歳になると、見てるだけいうのがいちばん大事やね。

監督辞めたら、何するんですか？　そう聞いてくる人がおんねん。そないなこと聞かれても、知らん。いろいろと休憩せなあかんし、すぐに何かをしようと思ってるわけではないね。とにかく、休ませてや。

ただ、家業の製麺所の方は、閉める準備をせないかん。これはほんまやねん。監督をやりながらでは、なかなかできへんかったから、シーズンが終わって、ぼちぼちとしまう準備を進めるいうことでしょう。

フットボールの話やなしに、製麺業界の話をさせてもらうと、大手にはかなわへん。これからうどんをつくるのに、設備投資やらなんやらで何億円借金して続けるのかいうても、やってられへん。それに、うどん屋にしても、ラーメン屋にしても自家製麺がはやってるからな。それはそれでええと思う。商売で勝とうと知恵を絞ってるんやからね。でも、ウチみたいな中小の製麺屋は生き残るのが難しい時代になったいうことです。損得勘定でいったら、もう損ばかりです。ほんま、この商売は大変よ。休みはあらへんし、他に何もできひんで。俺はフットボールやらせてもらったけど。

振り返ってみれば、俺は親父から製麺所とフットボールを受け継いだようなもんやな。親父は二〇〇八年の暮れに急に亡くなりました。元気なうちは、「製麺はもうやらんでもええからな」と言うてたんやけど、亡くなったのが急やったから、準備ができへんかった。それで自分が継いだわけです。

親父は生涯、「ファイターズ命」やった。全試合、見に来とった。

俺がコーチになった後、若いうちはよう喧嘩したで。負けたらごちゃごちゃ言うてくるから、そりゃ言い返したよ。ファンダメンタル、基本の部分は変わらんけれども、試合の中身は時代とともにものすごく進化してたからね。それは今もそうです。

でも、時代が変わったとしても変わらない価値がファイターズにあると、親父は俺に教えたかったんちゃうかな。

俺が思うなりのファイターズの価値をこの本で書かせてもらったいうわけです。全部は伝えきれへんけどね。

二〇一九年のシーズンもしんどかったよ。十一月のリーグ戦で立命館に負けて、甲子園ボウルに出るためには、西南学院大と神戸大に勝って、十二月一日にもう一回、立命館と戦って勝たな出られへんようになった。

その試合の前日、四年生とホテルに泊まって、ミーティングをしました。最終決戦に向けて覚悟を決める場ですよ。ところが四年生が喋ってるのを聞いてたら、だんだん腹が立ってきてね。「これまで精いっぱいやってきたので、結果がどっちに転んでもしゃあない」とか、それはお前らが言うこととはちゃうやろ、と。ビッグゲームの前にみんなで泊まるのが、単なる儀式になってると感じたんで、こんな話をしました。

「昔、先輩たちは大きな試合前、自分の家で寝て、怖くなってきたとしても、ひとりでそれと向き合ってたんやで。今はどうや。ホテルに泊まって、みんなでその怖さを共有すればええ。ここはそういう場や。四年生はこれまで三年間、先輩たちに甲子園ボウルに連れてってもらった。明日は覚悟をもってプレーして、下級生を甲子園に連れてってやれよ」

そう言って最後に、こう問いただしました。

「青い血が、流れてんのか？」

関西学院の伝統を引き受けて、覚悟を持って戦うと決めたときにこそ、チームカラーの青い血が体の中に流れるんです。翌朝、四年生の雰囲気がちょっと変わってたね。たぶん、いろいろと考えたんちゃうかな。

「四年生はプレーで意地見せるのが仕事やで。これが四年生や、これがファイターズやというプレーを、ファンに、下級生に見せてくれ」

四年生は見せてくれたよ。三週間前に負けた相手に勝った。関西学院の伝統、「青い血」は、なんとか受け継がれたんじゃないかと思ってます。

さて、この本もそろそろお開きの時間やね。実は俺は肩こりというものが分からへん。どないなるの？　痛いの？　張りがあるの？　俺には頭痛もないからなあ。ストレスがないことはないけど、若いときよりはずいぶんマシやで。発散の仕方が分かってるから。

方法？　飲むだけや。楽しく飲んで、気に入った仲間と話す。最高の時間ですよ。

そろそろ時間やね。

ほな、さいなら。

鳥内秀晃

とりうち・ひであき

関西学院大学アメリカンフットボール部ファイターズ監督。1958年11月26日、大阪府出身。元々はサッカー選手で、大阪府立摂津高校在学時に全国高校選手権の大舞台を経験している。78年、関西学院大学文学部に入学し、アメリカンフットボール部に入部した。1年時の秋からディフェンスバック、キッカーとして試合に出場し、副将を務めた4年時は守備のリーダーとして活躍。大学卒業と同時にアメリカにコーチ留学し、サザンオレゴン大学（82～84年）とUCLA（85年）で学んだ。帰国後、86年からアシスタントヘッドコーチ兼守備コーディネーターとしてファイターズを指導し、92年に監督就任。以後、甲子園ボウルの優勝は11回（93、97、99、2001、07、11、12、13、14、16、18年）を数え、02年にはライスボウルも制覇した。16年には世界大学選手権日本代表チームも指揮。19－20年シーズンを最後にファイターズ監督の座から退く。

第30回	1975年	明治	7-56	関西学院
第31回	1976年	明治	22-29	関西学院
第32回	1977年	日大	20-51	関西学院
第33回	1978年	日大	63-7	関西学院
第34回	1979年	日大	48-0	関西学院
第35回	1980年	日大	42-7	関西学院
第36回	1981年	日大	42-31	関西学院
第39回	1984年	日大	42-42	関西学院
第40回	1985年	明治	46-48	関西学院
第43回	1988年	日大	35-28	関西学院
第44回	1989年	日大	45-14	関西学院
第46回	1991年	専修	20-25	関西学院
第48回	1993年	日体大	10-35	関西学院
第52回	1997年	法政	21-21	関西学院
第54回	1999年	法政	13-52	関西学院
第55回	2000年	法政	28-21	関西学院
第56回	2001年	法政	6-24	関西学院
第61回	2006年	法政	45-43	関西学院
第62回	2007年	日大	38-41	関西学院
第66回	2011年	日大	3-24	関西学院
第67回	2012年	法政	17-20	関西学院
第68回	2013年	日大	9-23	関西学院
第69回	2014年	日大	10-55	関西学院
第71回	2016年	早稲田	14-31	関西学院
第72回	2017年	日大	23-17	関西学院
第73回	2018年	早稲田	20-37	関西学院

甲子園ボウル歴代成績

第4回	1949年	慶應	7-25	関西学院
第5回	1950年	慶應	6-20	関西学院
第6回	1951年	立教	19-14	関西学院
第7回	1952年	立教	20-0	関西学院
第8回	1953年	立教	7-19	関西学院
第9回	1954年	立教	7-15	関西学院
第10回	1955年	日大	26-26	関西学院
第11回	1956年	日大	0-33	関西学院
第12回	1957年	日大	14-6	関西学院
第13回	1958年	日大	13-12	関西学院
第14回	1959年	日大	42-0	関西学院
第15回	1960年	立教	36-16	関西学院
第16回	1961年	日大	14-6	関西学院
第17回	1962年	日大	28-24	関西学院
第18回	1963年	日大	30-18	関西学院
第19回	1964年	日大	48-14	関西学院
第20回	1965年	立教	22-22	関西学院
第21回	1966年	日大	40-12	関西学院
第22回	1967年	日大	12-31	関西学院
第23回	1968年	明治	36-38	関西学院
第24回	1969年	日大	30-14	関西学院
第25回	1970年	日大	6-34	関西学院
第26回	1971年	日大	28-22	関西学院
第27回	1972年	法政	34-20	関西学院
第28回	1973年	日大	7-24	関西学院
第29回	1974年	日大	20-28	関西学院

どんな男《おとこ》になんねん
関西学院大《かんせいがくいんだい》アメリカンフットボール部《ぶ》
鳥内流《とりうちりゅう》「人《ひと》の育《そだ》て方《かた》」

2019年12月27日　第1版第1刷発行
2020年 6 月15日　第1版第5刷発行

著　者　鳥内《とりうち》 秀晃《ひであき》／生島《いくしま》 淳《じゅん》
発行人　池田哲雄
発行所　株式会社ベースボール・マガジン社
〒103-8482
東京都中央区日本橋浜町2-61-9
TIE浜町ビル
電　話　03-5643-3930（販売部）
03-5643-3885（出版部）
振替口座　00180-6-46620
http://www.bbm-japan.com/
印刷・製本　共同印刷株式会社

Printed in Japan
ISBN978-4-583-11258-9 C0075